따뜻한 침묵

따뜻한 침묵

어느 40년 교도관의 미션 감동 스토리

최기훈 지음

좋은땅

장로님 등 뒤로 고운 눈이 내립니다

한희철 목사

한 형용사와 한 명사의 조합은, 두 단어가 따로 존재할 때는 갖지 못한 새로운 의미를 만들어 냅니다. 잘 말린 꽃차가 컵 안의 물을 자기 빛깔로 물들이는 것처럼, 각자가 가지고 있던 의미를 서로에게 전함으로 의미를 확장시키거나 심화시킵니다.

《따뜻한 침묵》이 그러합니다. 《따뜻한 침묵》이라는 말을 처음 대했을 때 먼저 떠올랐던 것은 보후밀 흐라발의 《너무 시끄러운 고독》이었습니다. '따뜻함'과 '침묵'은 서로가 만날 줄을 짐작하지 못했다는 듯 잠시 어색해합니다. 그것도 잠시, 누가 먼저랄 것도 없이 손을 내밀자 따로 떨어져서는 갖지 못했던 의미로 서로를 물들이기 시작합니다.

요한복음 8장에 나오는 간음하다 현장에서 붙잡혀 끌려온 여인은 사람이 아니라 도구였습니다. 미늘에 박힌 미끼였을 뿐입니다. 찢기고 헝클어진, 필시 여인의 차림새는 선정적이었을 것입니다. 무리를 선동하기에는 그게 어울렸을 테니까요.

여인을 끌고 온 곳은 성전, 예수님의 조용한 가르침은 중단이 되었고 사나움과 소란이 그 자리를 채웠습니다. 예수님을 겨눈 창날 같은 질문은 피할 길이 없어 보입니다. 어떤 대답을 해도 걸려들 수밖에 없는, 종교 천재의 머리에서 비롯됐지 싶은 완벽한 덫을 놓으며 그들은 회심의 미소를 지었을지도 모릅니다.

하지만 예수님은 그들이 제시한 두 가지 대답 중 하나를 택하는 대신, 그들이 생각하지 못한 선택을 합니다. 살기등등한 무리 앞에 가만히 앉아 바닥에 무엇인가를 쓰기 시작했습니다. 전해지는 고대 사본들에 의하면 예수님이 쓰신 것은 '그들 각자의 죄목'이었습니다.

몸을 굽혀 땅에 무엇인가를 쓰시는 예수님의 모습에서 '따뜻한 침묵'을 읽어 내는 장로님의 시선이 참 따뜻하게 여겨집니다. 장로님은 그 대목을 성경 한 단락에 대한 이해를 넘어 소명으로 받아들였습니다. '교도관'을 '성직'으로 받아들였으니까요.

어린 두 아들의 일기에 적힌 아빠의 일터는 '무시무시한 직장'이었습니다. 사기, 절도, 횡령, 폭력, 강도, 살인 등 인간의 악함과 약함이 고스란히 담긴 곳이었습니다. 갇힌 이들과 함께 지내느라 스스로 갇히는, 반 징역을 사는 삶이기도 했습니다. 무엇보다도 인간에 대한 신뢰를 지키기 어려운 곳이었고, 사람에 대한 선입견을 지우기 힘든 곳이었고, 믿음과 현실 사이의 간극을 메우기 힘든 곳이었습니다.

장로님이 걸어온 길을 모르지 않은 데다가 그 길을 걸으며 만나 많은 일들을 담은 글을 읽으며, 땅끝이라 여겨지는 그곳을 소명의 자리로 받아들이는 것이 얼마나 괴롭고 힘들었을까 내내 마음이 아릿했습니다.

장로님을 부르는 호칭이 '집사님'에서 '선생님'이 되고, '선생님'이 어느새 '형님'이 되는 놀라운 변화는 마음을 흐뭇하게 하기에 충분했지만, 아픔과 안타까움으로 남은 만남은 얼마나 더 많았을까를 헤아려 보았습니다. 그런 점에서 교도관을 '사무사(思無邪)를 꿈꾸는 직업'이라 할 때, 그 울림이 참으로 컸습니다. 태생적으로 '邪'가 그득한 곳에서 '無邪'를 지킨다는 것이 얼마나 난감한 일일지를 어렵지 않게 짐작할 수가 있었기 때문입니다.

교도관에게 주어진 제일의 과제를 사랑하는 일로 삼은 장로님에게서 '누군가를 사랑한다는 것은 그 사람이 살게끔 하는 것이다'라는 '애지욕기생'(愛之欲基生)을 떠올리는 것은 자연스럽습니다. 마음과 현실 사이의 자명한 한계를 극복하기 위해 '빨간 성경책 위에 두 손을 맞잡고 뜨겁게 기도해 주던 순간들'은 쌓여 '선생님은 제 인생에 도무지 잊을 수 없는 분입니다'라는 고백으로 이어졌으니, 교도관으로 걸어온 40년의 외길 걸음은 우직하고 아름답습니다.

'생계형 교도관'이기를 거부하며 척박한 땅에 사랑이라는 민들레 홀씨를 뿌려온 장로님의 삶은 문득 이정록 시인의 〈그늘 선물〉의 한 대목과 겹칩니다.

땀 찬 소 끌고 집으로 돌아올 때

따가운 햇살 쪽에 서는 것만은 잊지 마라
소 등짝에 니 그림자를 척하니 얹혀놓으면
하느님 보시기에도 얼마나 장하겠냐?

  장로님의 자리는 고집스레 '따가운 햇살 쪽에 서는' 것이었습니다. 그 걸음을 눈여겨보신 하나님께서 중학생 이후 평생을 써 온 모자를 벗고 자유로운 걸음을 시작한 장로님에게 말씀을 통해 주신 약속을 이루어 주시기를 빕니다.
  "주님은 너를 지키시는 분, 주님은 네 오른쪽에 서서, 너를 보호하는 그늘이 되어 주시니, 낮의 햇빛도 너를 해치지 못하며, 밤의 달빛도 너를 해치지 못할 것이다. 주님께서 너를 모든 재난에서 지켜 주시며, 네 생명을 지켜 주실 것이다. 주님께서는, 네가 나갈 때나 들어올 때나, 이제부터 영원까지 지켜 주실 것이다. 시편 121:5—8."

  마음에 두고 있는 옛 시 하나가 있습니다. 〈호설편편 불낙별처〉(好雪片片 不落別處), 이성복 시인이 시만큼 멋진 번역을 했습니다. "고운 눈 송이송이 딴 데 떨어지지 않네"로 옮겼으니까요.

  장로님이 걸어오신 걸음이야말로 딴 데 떨어지지 않은 고운 눈이었습니다. 거칠고 구석진 땅에 고운 눈으로 내려 그 땅을 고운 땅으로 삼았습니다. 모든 의무에서 벗어나 홀가분히 새로운 걸음을 내딛는 장로님의 등 뒤로 여전히 고운 눈이 내립니다. 지금까지 그랬던 것처럼 새로운 걸음 닿는 곳마다 여전히 고운 땅 되시기를 빕니다.

소망둥지의 따뜻한 메아리

김영식(소망교도소 소장)

여주시에 아름다운 도로명이 있습니다. '아가페 길'이라 일컫는 그 길을 따라 올라가면 소망교도소 정문이 나오게 됩니다. 정문을 지나 더 가까이 다가가 또 하나의 작은 문을 통과해야 합니다. 마치 예수님이 너희는 좁은 문으로 들어가라는 말씀이 생각납니다. 그 문은 세상과 격리되어 수형자들이 생활하는 15척 담장 안으로 들어가는 작은 입구입니다.

그 좁은 문 앞에 소담스러운 액자에 담긴 시 한 편이 먼저 모든 사람을 맞이합니다. 바로 '소망둥지'란 시(詩)입니다. 꿈을 잃고 길을 잃은 새들을 품어 주는 어미 새 같은 소망 교도관과 그 둥지에 비유되는 소망교도소를 마음밭으로 삼아 매일같이 믿음으로 일하러 들어감을 노래하는 감사와 소명의 시입니다.

최기훈 교도관과의 만남은 30년 전으로 거슬러 올라갑니다. 제가 법무부에 근무하며 교도관 학술교양지 월간 〈교정(矯正)〉 편집장을 할 무렵, 눈에 번쩍 띄는 시 한 편을 마주하면서입니다. 최기훈 교도관의 글 속에는 늘 따뜻한 존중과 평화가 있으며 영혼을 번뜩이게 하는 감성과 사람을 살리는 생명의 울림이 어우러져 있습니다. 아침에 이슬 같은 시심(詩心)으로 깨어 낮으론 전장(戰場) 같은 직장에서 섬김의 역할을 감당하고, 저녁에 감사함으로 마무리하는 기도 속에 단잠을 이루는 일상이 크리스천 교도관의 본분임을 보여 주고 있습니다.

그렇게 40여 년 넘게 크리스천 교도관의 본분을 잊지 않고 실천하였기에 후배들의 가슴에 아름다운 흔적으로 남을 것입니다. 이제 그 선배를 모르게 될 까마득한 후배들에게도 잔잔히 전해질 소망교도소의 헤리티지 《따뜻한 침묵》에는 소망공동체가 나아갈 비전, 새롭게 펼쳐질 꿈, 울려 퍼질 새 노래가 담겨 있습니다. 이제 최기훈 교도관을 닮은 또 다른 후배들이 그 신앙과 정신, 덕을 이어받아 더욱 빛나는 아가페 길을 열어 가며 예수님의 사랑과 소망이 넘치는 '거듭남과 회복 공동체' 소망둥지를 지켜 갈 것입니다.

고맙습니다. 사랑합니다. 축복합니다.

주님, 제가 교도관입니다!

주님, 제가 교도관입니다!

침묵할 때가 있다. 때로는 침묵해야 한다. 말에는 힘이 있고 능력이 있다. 그럼에도 침묵을 꿈꾸고 지지해야 한다. 침묵에 담긴 말이 오히려 더 힘이 있고 능력이 있다. 생각이 아닌 믿음이다. 금보다 귀한 침묵은 모름지기 참이기 때문이다.

교도관이라는 직업을 갖고 있기에 나는 때로 책이나 기사를 읽다가도 멈칫거릴 때가 있다. 교정 관련 내용이 나오면 자연스럽게 집중하게 되고 혹시나 하는 마음으로 유심히 살피게 된다. 더러 사실과 다른 잘못된 내용을 발견하면 화가 나기도 하고 바로잡고 싶은 마음이 들기도 한다. 그만큼 교도소에 관한 얘기는 따뜻한 안목이 아닌 냉정한 시각이 보편적인 현실이다. 그게 당연하게 받아들여지는 것이다.

구약성경에서는 창세기에 나오는 요셉의 억울한 감옥살이와 실수로 살인한 사람을 보호하는 도피성의 설치, 또 다니엘이 사자굴에 갇힌 이야기가 있다. 신약성경에서는 예수님이 십자가를 지실 때 양쪽에 중범자인 두 강도도 십자가를 지고 있었다. 사도 바울은 복음을 전하다가 옥에 갇혀 옥중에서 쓴 편지는 신약성경 가운데 중요한 비중을 차지하고 있다. 나아가 사도 요한은 밧모섬에 유배되어 성경에 빠뜨릴 수 없는 계시록을 썼다. 이렇듯 성경에 드러난 '갇힘의 사건'은 하나님의 섭리 가운데 그만한 뜻과 목적이 있는 게 분명하다. 그리고 예수님은 복음서에서 '갇힌 자를 돌아보라'는 따뜻하고도 강력한 메시지를 남겼다.

내가 여기서 말하고 싶은 것은 성경에 드러난 교도관의 직무에 관한 것이다. 교도관은 매일같이 '갇힌 이웃'과 함께하는 일상이다. 초년 교도관 시절, 나는 사형 구형(死刑 求刑)을 받은 수용자가 있는 사동(舍棟)에서 근무한 적이 있었다. 그를 돌보는 일은 마땅한 내 일이었다. 동료들은 그에 대한 경계심을 노골적으로 드러냈다. 행동거지를 보면 반성은커녕 적반하장 꼴이니, 사람으로 대우해서는 안 된다는 투였다. 솔직히 나도 그 생각을 떨쳐 버릴 수 없었다. 그럴수록 매일같이 그의 얼굴을 마주하며 내 생각이 옳지 않음을 잠잠히 깨닫게 되었다. 깨달음인즉 나는 과연 그리스도인인가? 스스로 묻는 데서 시작되었다. 예수님은 그를 어떻게 보실까?

마침내 용기를 냈다. 용기를 얻기까지 기도했다. 그 용기 가운데 내가 그의 친구가 되리라 마음먹은 것이다. 생각해 보면 예수님도 나

같은 죄인의 친구가 되어 주신 것 아닌가.

"주님, 그 영혼을 불쌍히 여겨 주십시오."

그리고는 무턱대고 성경을 선물로 안겨 주었다. 그러던 어느 날 조용한 시간을 틈타 다짜고짜로 '하나님의 사랑과 계획 ─ 죄와 사망 ─ 예수, 십자가 ─ 용서와 구속(救贖) ─ 믿음의 고백과 영접'으로 이어지는 사영리(四靈理)를 거침없이 설명하였다. 나아가 영접 기도문과 감사기도를 통해 그가 하나님의 자녀가 되었음을 선포했다. 지금 생각해도 무모할 정도로 당찬 믿음의 용기였다.

그는 1심에서 결국 사형선고를 받아 사형장이 있는 다른 교정 기관으로 이송되었지만 편지 대화로 교제의 끈을 놓지 않았다. 영치금과 양말을 사 들고 접견을 가기도 하였다. 그러다가 삼 년쯤 지났을까? 그해 성탄절 즈음 흰 눈 사이로 십자가 첨탑 교회가 근사하게 그려진 성탄 카드를 보냈다. 답장을 기다렸지만 카드는 되돌아오고 말았다. '수취인 부재'가 반송 사유였다. 나는 그의 마지막이 하나님 보시기에 아주 의젓했음을 의심하지 않았다. 생각해 보니 그 만남은 내가 교도관이기에 누릴 수 있었던 특별한 은총이었다.

이제야 고백하건대 솔직히 그 만남 가운데 감사하지 않을 수 없는 사실이 있다. 법령인 '교도관 직무규칙 제44조'에는 '사형 집행은 상관의 지시를 받은 교정직 교도관이 하여야 한다'고 명시되어 있다.

내가 근무하는 기관이 사형장이 있었다면 어쩌면 나는 그 집행관이 될지 모른다는 생각이 쉽사리 가시지 않았다. 사형 집행은 피할 수 없는 엄연한 교도관의 직무여서 보통 중압감이 아니었다. 거슬러 올라가면 예수님 당시에 십자가 형(刑)의 집행관은 로마 병정들이었지만 지금 시대라면 마땅히 교도관의 몫이다. 내가 그 일을 감당했을지도 모를 일이었다.

이쯤에서 나는 책 제목으로 삼을 정도로 첫 마음에 두었던 '따뜻한 침묵'에 대한 속 깊은 이야기를 하고 싶다. 배경은 신약성경 요한복음 8장에 나오는, 음행하다가 붙잡힌 여인과 예수님이 극적으로 만나는 장면이다. 예수님의 말씀과 태도가 나를 사로잡았다.

어떻게 하든 서기관들과 바리새인들은 예수님을 고발할 조건을 찾으려 하였고 마침내 음행 중에 잡힌 여자를 끌고 와서 마당 가운데 세웠다.

"예수께 말하되 선생이여, 이 여자가 간음하다가 현장에서 잡혔나이다. 모세는 율법에 이러한 여자를 돌로 치라 명하였거니와 선생은 어떻게 말하겠나이까."

예수님을 고발하려고 벼른 끝에 단단히 시험하고 있었다. 짧은 순간, 무거운 침묵이 흘렀다. 무겁지만 위대한 침묵이었다. 아니 예수님의 따뜻한 침묵이었다. 이 따뜻함이야말로 죄 없는 자신이 죄인이 되어 십자가를 져야만 하는 완전한 사랑의 침묵이었다.

거친 질문은 계속되었다. 예수님은 그래도 침묵하셨다. 침묵 속에 몸을 굽혀 손가락으로 땅바닥에 무어라고 쓰셨다. 이윽고 몸을 일으키며 말씀하셨다.

"……너희 중에 죄 없는 자가 먼저 돌로 치라. 요 8:7."

이 말씀을 하시고는 다시 몸을 굽혀 손가락으로 땅바닥에 무어라 또 쓰셨다. 정말 대단한 예수님이시다. 예수님은 이 절박한 상황 가운데도 당신의 말씀대로 침묵으로 온유함과 겸손함을 드러내셨다. 결국 예수님의 말씀에 양심의 가책을 느낀 어른과 젊은이까지 하나둘 자리를 뜨고 오직 예수님과 그 여자만 남았다.

마침내 예수님이 말씀하셨다.
"여자여, 너를 고발하던 그들이 어디 있느냐 너를 정죄한 자가 없느냐."
여자가 대답했다.
"주여, 없나이다."
예수님이 말씀하셨다.
"나도 너를 정죄하지 아니하노니 가서 다시는 죄를 범하지 말라."
나는 이 기사를 볼 때마다 그 장면이 잠잠히 그려지고 가슴이 뜨거워진다.

아, 그리고 예수님께 여쭙고 싶다.

"예수님, 땅바닥에 손가락으로 무어라고 쓰셨나요?"

교도관이었기에 내내 잊지 못할 아픈 기억이 있다. 어쩌면 내면의 상처인지도 모른다. 하지만 이 상처는 나에게 값진 복음의 진수를 깨닫게 해 주었다. 아주 오래된 일이다. 교우들과의 모임에서 한 교우가 내 직업이 교도관인 줄 알고 있었기에 넌지시 물었다. 그는 나보다 여러모로 성숙한 그리스도인이라고 나는 알고 있었다.

"수용자들은 냉정하게 보면 사회에 해악을 끼친 사람들인데 굳이 잘해 줄 까닭이 있습니까?"

나는 단박 무어라 대답할 말을 찾지 못했다. 어정쩡한 침묵이 흘렀다. 순간 그에 대한 원망감도 일었다. 누구보다 나를 잘 이해하고 지지할 분으로 여겼기에 더욱 그랬다. 나는 주저하다가 분명한 대답을 하지 못하고 다음에 기회가 되면 얘기합시다, 얼버무리고 말았다. 사실 이 질문은 내 일터인 담장 안에 들어설 때부터 입때껏 역동적으로 내 마음에 소용돌이치는 문제이기도 하였다.

어떻게 보면 그의 말은 당연할 뿐만 아니라 보편적인 상식이다. 하지만 서운한 마음이 들었던 것은 그는 나와 같이 하나님을 믿는 신앙인이었고 복음을 알고 있기에 내 입장을 깊이 헤아려 줄 줄 기대했기 때문이다. 나는 그때 조심스럽게 묻고 싶은 말이 있었다.

"그렇다고 그들에게 보복하듯 벌을 주면 범죄 문제가 깨끗이 해결되겠습니까?"

그렇다. 어떤 형벌로도 죄는 해결되지 않는다. 예수, 그분의 뜨거운 '피 흘림'이 없이는(히 9:22). 정녕 이 복음은 나에게 생명과도 같다. 아니 사십 년 동안이나 교도관으로 일하며 지독하게 깨달은 특별한 은총이다.

지금도 나는 여전히 침묵하고 있다. 아니 예수님처럼 따뜻한 침묵을 하기 위해 기도하고 있다. 예수님의 심정을 그렇게 헤아리고 싶은 것이 내 순전한 믿음이다. 그러므로 교도관이란 직업은 예수님을 누구보다 뜨겁게 받아들일 수 있는 은혜로운 직업이 아닌가. 나는 내 직업을 사랑한다.

"예수님, 고맙습니다! 교도관으로 지금까지 사십 년 넘게 일할 수 있도록 인도하시고 힘과 용기와 지혜를 주셔서 고맙습니다. 무엇보다 예수님의 따뜻한 사랑의 침묵을 헤아리게 하시고 절절히 가슴으로 깨닫게 해 주셔서…….."

— 주님, 제가 교도관입니다!

목 차

복음무한(福音無限) / 전도 수기(手記)

가장 따뜻한 손 / 간증 에세이

새벽, 그 아멘 소리 / 사역 에세이

공동체가 나아갈 길 / 소망공동체 사역 단상

※ 책에 나오는 수용자와 관련 인물은 모두 바꾼 이름입니다.

복음무한
(福音無限)

전도 수기(手記)

어느 교도관의 기도

최기훈

주여, 새싹이 봄비를 두려워 아니하듯
내 마음에 푸른 꿈을 가꾸게 하소서
풀꽃들이 햇살을 두려워 아니하듯
내 마음에 품은 뜻을 지키게 하소서

마른 나무에 아름다운 꽃이 피어나고
여린 가지에 새 잎사귀 돋아 짙푸르듯
그 믿음 날마다 나에게 새롭게 하셔서

지금 내가 선 이곳이
가시덤불 우거진 마른 골짜기라도
아침이면 풀숲에 내린 이슬 한 방울로
새 생명을 일깨우듯

나로 하여금 상처받은 이 보듬게 하시고
갈한 영혼마다 마중물 되게 하셔서
다시는 목마르지 않는
은총의 샘물로 넉넉히 나누게 하소서

하여, 진하지 않은 향기 가득 머금고
느지막이 홀로 피는 이름 없는 풀꽃들이
더 아름답다 더 향기롭다
노래하게 하소서

복음무한(福音無限)

01

누구보다 은근히 그의 소식을 기다리고 있다. 그러다가 내 기억 속에 잊혀 갈 즈음, 달뜬 목소리로 전화를 걸어온다던가 아니면 퇴근길에 불쑥 내 앞에 나타나 주길 기대하고 있는지도 모르겠다.

"혹시 저를 잊으신 건 아니겠죠? 저, 인홉니다….."
"자넬 잊다니? 자네는 이십삼 년, 짧지 않은 내 교도관 경력에 결코 잊을 수 없는 사람이야!"

아마 그의 전화를 받게 된다면 나는 이런 대화부터 나눌 것 같다. 물론 만난다면 덥석 끌어안아 줄 것이다.

확실히 그는 내게 교도관이라는 본분을 넘어 '직업의 복음적인 가치'를 심어 준 존재였다. 이렇듯 나는 때때로 그의 밝은 목소리가 듣고 싶어진다. 어떻게 살고 있을까? 짐작건대 그는 하루하루 소중한 삶을 누리고 있을 거라고 믿어 의심치 않는다. 왜냐하면 다시 찾은 자유가 그만큼 소중할 것이므로…. 그럼에도 나는 그를 생각하면 일순 조바심이 인다. 그때마다 그를 위한 기도가 짧막하지만 더욱 간절해진다.

02

초년 교도관 시절이었다. 나는 그의 끝없는 절망을 보았다. 도무지 희망이라곤 찾아볼 수 없는 그의 처지를 매일 보노라면 한숨을 넘어 아픔으로 저며 왔다. 스무 살, 마른 가지에 돋아나는 연둣빛 잎사귀 같은 그의 꿈은 그렇게 단박 시들고 말았다. 대학생이었다. 훤칠한 키에 뚜렷한 이목구비, 공부도 잘할 뿐만 아니라 리더십도 탁월하여 학과의 대표가 되었는데 불행의 시작인지, 공금에 대한 동료들의 의혹을 받게 되자 책임감이 강한 그는 큰 고민에 빠졌다. 본인은 결백했지만 그렇다고 달리 입증할 자료도 없었다. 그런 곤경에서 그가 선택한 수단은 엄청난 범죄가 되고 말았다. 그렇게라도 그는 책임을 지고 그의 실추된 명예를 되찾고 싶었을 것이다.

1심 재판에서 검사는 사형(死刑)을 구형(求刑)했다. 법원에서 돌아온 그의 얼굴은 도무지 생기가 없었다. 그의 담당 교도관이 되어 그와 함께하는 시간이 많아지고 어떻게 하든지 내 양심은 그에 대한 동정을 넘어 도와주고 싶었다. 더욱이 씻을 수 없는 죄책감이 가장 큰 숙제였다. 그래서 내 신앙의 전부인 예수 십자가 대속(代贖)의 은혜에 대한 비밀을 전해 주었지만 쉽게 받아들이지 못하는 것 같았다. 그래도 나는 '예수님과의 관계'를 애써 설명하고 소책자 '사영리(四靈理)'에 나오는 영접 기도문을 따라 읽게 하였다. 그럼에도 그의 표정은 막중한 죄책감에 짓눌려 불안과 절망의 낯빛을 감추지 않았다.

그럼에도 어쩌랴. 나의 무기는 그저 죄를 용서받을 수 있는 유일한

'그 말씀'을 일러 줄 뿐이었다. 어느 날 나는 용기를 내어 그의 손을 붙들고 간절히 기도했다. 주님의 끝없는 사랑으로 그의 앞길을 인도해 주시라고 정말 간절히 기도했다.

03

한편 나는 그에게 어떤 형태로든 현실적인 도움을 주고 싶었다. 1심 구형이 법정 최고형이니 자칫 자포자기하면 구형대로 1심 형량이 선고될 확률도 배제할 수 없는 노릇이었다. 내가 아는 상식대로 최대한 선처를 받을 수 있도록 담당 재판부에 별도로 사죄하는 편지는 물론 가족과 동료들의 감동적인 탄원서를 제출하도록 조언하였다. 그런 정성은 헛되지 않았다. 1심 재판에서 무기징역을 받았고 항소심에서는 15년 형이란 파격적인 형량이 선고되었다. 얼마나 감사하던지!

그 과정에서 잊을 수 없는 일이 있었다. 하루는 누가 나를 찾는다고 해서 나가 보았더니 바로 인호의 아버지가 나를 기다리고 있었다. 대뜸 하시는 말씀이, "사실 나는 죄인의 아비이기에 얼굴을 들고 살 수 없는 몸입니다. 그런 내 아들을 도와주고 감싸 주는 교도관이 있다기에 얼굴이라도 한번 뵙고 싶어서 찾아왔습니다…."라고 하면서, 눈물을 흘렸다. 아버지의 사랑이 이다지도 뜨거운 것임을 나는 절절히 느끼지 않을 수 없었다. 후일 그 아버지는 아들의 출소를 보지 못하고 지병으로 세상을 뜨고 말았지만 아들의 극진한 기도로 예수님을 영접하고 천국 가셨다는 말을 듣고 감사드리지 않을 수 없었다.

얼마 후 인호는 형이 확정되어 내 곁을 떠나 지방 교도소로 이송이 되었다.

그때 그의 표정은 내 마음이 흐뭇할 정도로 상당히 밝은 표정이었다. 간간이 그는 소식을 담아 봉함엽서에 담아 전해 왔고 나 역시 큰 감사와 기쁨으로 응답했다. 그러나 그의 수형생활이 순탄치만은 않았다. 누구보다 신앙생활을 열심히 하고는 있었지만 숨은 가시처럼 그의 의식에 잠재된 심한 죄책감에 시달리고 있었다. 그런 모습을 편지 행간에서 발견하고는 나름대로 도움이 되는 성경 구절을 인용하여 권면하였지만 나 또한 고민에 빠지기는 마찬가지였다.

정녕 죄의 흔적(痕迹)조차 깨끗이 지울 수는 없는 것인가? 흔히 개인이 형벌을 받은 사실을 일컫는 전과(前科)라는 말이 있다. 좀 더 구체적으로 말하면 본적지 읍, 면 동사무소에 가면 수형인명부가 있는데(형이 실효되면 자동적으로 소멸) 이 사실을 근거로 신원증명서를 발부하게 된다. 소위 말하는 '빨간 줄'이라는 은어도 여기에서 비롯되었지 싶다. 실제로는 이 수형인명부보다는 당국에서 관리하는 범죄경력조회가 더 구속력을 갖고 있어서 자잘한 범법 행위까지 평생 전산 기록에 남게 되어 당하는 사람의 입장으로는 여간 부담스러운 게 아니다. 이 사실에 비추어 보아도 범죄라는 것이 얼마나 지독한 흔적인가 새삼 깨닫지 않을 수 없다.

그래서 그랬을까? 인호를 생각하며 나는 성경에 나오는 죄의 해결

책(?)을 유심히 살펴보았다. 의외로 성경의 해답은 매우 단순하다. 죄에 빠진 모든 사람을 구원하기 위하여 하나님께서 친히 사람의 몸으로 오셔서 그 죗값으로 십자가에서 죽으셨는데 그 죽음을 내 죽음으로 받아들이면(믿음, 영접) 된다. 정녕 복음(福音)이다.

"그리스도께서도 죄를 사하시려고 단 한 번 결정적으로 고난을 당하셨습니다. 곧 의인이 불의한 사람들을 위해서 죽으신 것입니다. 그것은 그가 육으로는 죽임을 당하시고, 영으로는 살리심을 받으셔서, 여러분을 하나님 앞으로 인도하시려는 것입니다. (표준) 벧전 3:18."

"만일 우리가 우리 죄를 자백하면 저는 미쁘시고 의로우사 우리 죄를 사하시며 모든 불의에서 우리를 깨끗게 하실 것이요⋯. 요일 1:9."
"내가 저희 불의를 긍휼히 여기고 저희 죄를 다시 기억하지 아니하리라 하셨느니라. 히 8:12."

큰 박수를 치고 싶을 만큼, 이런 '생명의 말씀'은 나나 인호에게나 더 바랄 수 없는 놀라운 은총의 복음이었다. 그렇다. 어차피 사람은 의식(意識)이 있는 한 죄의 흔적을 지울 수는 없다. 그런데 전지전능하신 주님은 우리 죄를 기억하지 않으신다.

04

인호는 15년 형기 중 모범적인 수형생활로 12년 만에 가석방되었다. 출소한 며칠 후 그가 나를 찾아왔다. 얼마나 반갑고 기쁘던지!

이 기쁨은 확실히 복음으로 정화된 기쁨이라고 스스로 간주하였다. 나는 인호의 손을 붙들고 다시금 당부했다. 내 안에 부끄러운 죄의 흔적은 남아 있게 마련이다. 지운다고 지워지지도 않는다. 그러나 주님은 기억하지 아니하신다. 이 진리의 말씀으로 그 흔적을 덮은 것이니, 그 사실이 은혜라고.

또 이런 말도 들려주었다. 처녀가 가슴 아픈 과거를 새로 만난 남자에게 얘기해서는 안 되는 것처럼 앞으로의 사회생활에서도 지난 흔적을 일부러 드러내지는 말라고….

인호가 결혼하게 된다는 소식을 들었다. 그의 어머니는 내게 전화로 조심스럽게 말했다. 인호의 새 출발을 위해, 죄송하지만 앞으로 연락하지 말아 달라고. 어쩌면 그의 아픈 과거가 나로 말미암아 되살아날 수도 있다는 뜻이었다. 조금은 서운한 생각도 들었지만 나는 흔쾌히 그러겠다고 대답하였다.

지금 생각해도 인호와의 만남은 주님이 허락하신 특별한 은총이었다. 그 만남을 통하여 복음(福音)은 무한(無限)이라고 빛나는 깨달음을 주신 까닭이다.

〈새생활안내〉, 2004 봄호)

다시 부르는 이름

01 나의 본분

지난해 초여름의 일이다. 비번 날 아침은 긴장에서 벗어나 시나브로 피곤함이 밀려오기 마련이다. 빨리 퇴근하여 한잠 자고 싶은 마음으로 가득 차 있었다. 그때였다. 평소 친근하게 나를 대해 주며 깊은 정을 느끼게 해 주던 동료 S 형이 내게로 다가왔다.

"자네, 내 어려운 부탁 하나 있는데 들어줄 수 있으려나 모르겠네?"

그의 말투는 조심스러웠다. 나는 반색을 하며 오히려 그의 심각한 표정을 풀어 주기라도 하듯 대꾸했다.

"누구의 부탁인데 감히 거절할 수 있겠습니까…?"

이윽고 S 형은 안도의 눈빛으로 속사정을 얘기했다. 실은 초등학교에 다니는 큰아들이 선천적인 심장판막증으로 큰 수술을 받아야 하는데 마침 오늘이 수술하는 날이라며, 거기에는 다섯 명의 헌혈이 필요하다고 했다. 세 사람은 가족이 하면 되는데 나머지 둘을 찾다가 한 직원과 나에게 부탁했던 것이다.

지금 생각해 보면 내게 그런 부탁을 해 준 S 형이 오히려 고맙게 느껴진다. 나는 그날 병원 침대에 누워 혈액 봉지에 떨어지고 있는 내 붉은 핏방울을 유심히 바라볼 수 있었다. 하나뿐인 내 생명이 고귀하듯 나 아닌 타인의 생명도 그렇게 느낄 수 있었던 값진 교훈을 얻은 셈이다.

헌혈을 마치고 병원 문을 나서며 문득 하늘을 바라보았다. 쏟아지는 햇살에 눈이 부셨다. 잠깐 현기증이 났지만 금세 가라앉았고 가슴속 뿌듯함이 밀려왔다. 비로소 잃었던 내 참모습을 되찾는 기분이었다. 그날 저녁 일기장에 모처럼 의미 있는 일기를 써 내려갔다.

— 나는 오늘 새로이 태어났다. 지난날이 부끄럽게 느껴졌던 것은 입때껏 그렇게 의미 없이 살아온 까닭이다. 나는 그리스도인이다. 또 교도관이다………. 내가 선 곳에서 최선의 삶을 가꾸자. 최고의 삶은 아니더라도 얼마든지 최선의 삶을 살 수 있다. 이런 삶을 내 인생이라 말하자. 어쩌면 하나님께서 내게 주신 은총은 여기 내 삶의 자리(일터)에 있는 것이리라. 나의 본분을 잊지 말자. 나의 몫을 생각하자. 그것은 나 아닌 이웃을 사랑할 수 있는 능력이다. 내 직업을 사랑하자. 교도관이란 직분을 자랑스럽게 여기며 일해야 한다.

곤히 자고 있는 어린 두 아들을 바라보았다. 꼭 천사의 얼굴이다. 부끄럽지 않은 아버지가 되어야겠다. 아내는 피곤한 나를 위해 따뜻한 차 한 잔을 끓여 주고 싱긋이 웃어 주었다.

02 다시 온 편지

오랜만에 영호의 편지를 받았다. 보안과 휴게실 편지함에 꽂혀 있는 낯익은 봉함엽서는 손때가 묻어 있었다. 내 편지였다. 잘 쓴 연필 글씨로 여백까지 빼곡하게 채운 정성이 가득한 편지였다. 쉽게 그의 얼굴을 떠올릴 수 있었다.

최기훈 담당님께

오랜 시간이 지나고, 긴 침묵의 흐름 속에 이곳 멀리 청송 땅까지 오게 되었습니다. 그동안 주님 안에서 건강하시리라 믿습니다. 저와 헤어져 지낸 지도 벌써 5년이나 되었기에 갑작스러운 제 편지를 받고 놀라지 않았을까 생각해 봅니다. 제가 영등포구치소에 있을 때 유독 저에게 예수님에 관한 말씀을 많이 들려주시던 온화한 담당님의 미소가 떠오르는군요. 저는 지금도 저에게 선물로 주신《사영리(四靈理)에 대하여 들어 보셨습니까?》조그마한 책자를 가지고 있습니다. 그 책을 볼 때마다 몇 번이고 사연을 적어 안부를 전하고 싶었지만, 어떤 때는 편지를 써 놓고도 보내지 못했던 점을 널리 용서하시기 바랍니다.

돌이켜 보건대 저의 그동안 6년여 생활은 정말이지 난장판이었습니다. 세상 사는 것이 귀찮아 두 번씩이나 자살을 기도했고 교도관에게 예사롭게 대드는 말썽꾸러기였습니다. 언젠가는 담당 교도관의 목에 가위를 들이대고 인질극을 벌여 손에 큰 상처를 입히기도 했습니다. 실로 저는 사탄의 노리개로 전락되어 살았습니다. 자포자기의 삶, 그대로였습니다. 그러다 보니 교도소를 자주 옮기게 되었고 서울과는 멀리 떨어진 이곳까지 오고야 말았습니다. 정말이지 저의 지난날은 눈뜬장님의 생활이었습니다.

그러나 이제 새로이 마음의 눈을 뜨게 되어 담당님께 소식 전하게 되었습니다. 그동안 담당님의 얼굴은 뵐 수 없으나 제 마음속엔 언제나 담당님의 얼굴이 지워지지 않고 있습니다. 늦은 감이 있지만 정직하고 성실한 마음으로 남은 9년은 하루하루 성경 말씀을 중심으로 열심히 살겠습니다. 저는 지금 붓글씨와 그림 공부에 진력하고 있습니다.

1986년도에는 법무부 교정작품 전시회에서 입선이라는 작은 선물도 받았습니다. 앞으로 어떻게 하든 이 어려운 생활에 절망하지 않고 승리하여 주님께 영광 돌리는 삶을 누릴 것입니다. 편지를 쓰는 지금 이 순간 벌써 담당님과 함께한 것처럼 가까이 느껴집니다. 몇 년 동안 편지를 못 드렸으나 저의 잘못으로 독방 생활을 할 때나 담당 교도관을 인질로 삼고 같이 죽으려 했을 때도 저는 담당님의 얼굴이 떠올랐고 그 때문에 다시금 회개하는 마음을 되찾게 된 것입니다.

확실히 최기훈 담당님은 제 마음속 형님입니다. 늘 웃음을 잃지 않으시는 담당님이기에 저는 어려운 일이 생기면 담당님을 생각하지 않을 수 없습니다.

담당님, 몸 건강하시고 주님의 축복이 온 가정에 가득하길 기도하며 두서없는 글 줄입니다. 답장을 기다리겠습니다. 멀리 청송에서 영호 올림.

편지를 읽고 나서 창밖을 보았다. 하늘이 참 맑았다. 눈이 부시도록 파란 하늘에서 파란 눈물이 금방이라도 쏟아질 것만 같았다. 나는 영호가 입고 있는 수의(囚衣)를 생각했다. 문득 내가 입고 있는 제복도 더 짙은 푸른색임을 새삼스럽게 느낄 수 있었다.

03 만남의 일기

1984년 ○월 ○일

영호를 알게 되었다. (나이 21세, 죄명 ○○○○, 상고심 진행, 2심 징역 20년, 정신병원 감정받음, 서울 출생). 온순하면서도 가식 없는 곧은 성품의 서울 토박이 청년이다. 그의 말대로라면 결코 죽음을 두려워하지 않고 언제든 죽고 싶으면 죽을 수 있다는 일종의 강한 허세 의지도 보인다. 그러나 내가 보기에는 절망감이 깊이 내재되어 그 불안감을 감추려는 의도다. 아무튼 자살이라는 극한 수단을 선택할 만큼 대단한 용기를 지니고 있다. 실제로 그는 목매어 죽으려고 질긴 끈을 꼬아 준비하다가 적발되었고 정신병원에 잠시 수용되었을 때도 예리한 유리 조각으로 손목을 그어 솟는 피를 숨기려고 이불을 덮은 채 다시 수면제를 입에 털어 넣기도 하였다. 실로 그는 대담한 자기부정의 독기(毒氣)의 소유자임을 직감할 수 있다. 특별한 수용자다.

○월 ○일

영호를 다시 만났다. 왠지 그가 밉지 않았다. 그저 불쌍한 마음이 들 뿐. 영호도 내 인상이 순하게 보인다며 나를 따르고 싶어 하는 눈치다. 사실 나는 그와의 첫 만남에서 되도록 웃음을 보여 주려고 애썼다. 웃음은 사랑을 표현하는 첫걸음이다.

날 더러 영호는 '담당님을 뵈면 천사를 연상합니다'라는 농담이 싫지 않게 들린다. 그렇다. 하나님의 자녀는 하나님을 닮은 천사의 얼굴을 지녀야 한다. 물론 이상이긴 하지만 언제든 상대방에게 웃음 지을 수 있는 여유야말로 성숙한 신앙에서 나오는 것이라고 나는 믿는다.

영호가 나에게 기도하는 법을 가르쳐 달라고 하였다. 나는 잠시 망설이다가 우선 그에게 내가 경험한 번민(불안, 열등, 반항심 등)을 들려주면서 조심스럽게 하나님과의 인격적인 만남을 설명했다. 내 신앙의 내적 체험이기도 하였다. 그러면서 기도는 하나님께 자신을 숨김없이 드러내 놓고 그분과 이야기하는 것이라고 하였다. 그래서 기도는 인격적인 정성이 요구된다고 말했을 때 대답 대신 연신 고개를 끄덕였다.

○월 ○일

영호의 손을 잡았다. 그는 이제 죽고 싶지 않다는 묻지도 않은 말을 먼저 꺼냈다. 그러면서 담당님이 일러 준 대로 열심히 기도한다고 자랑스럽게 말했다. 그 모습이 여간 대견스럽지 않았다. 무슨 기도를 드리느냐고 묻고 싶었지만 오늘은 참기로 하였다.

영호는 머뭇거리다가 혹시 다른 교도소로 이감을 가면 내게 꼭 편지를 하겠다며 나를 평생 잊을 수 없는 분이라고 극구 칭찬하였다. 그럴수록 오히려 부끄러운 마음이 들었다. 나의 인격과 사랑이 얼마나 진실하게 비추어지고 있는지 스스로 반문하지 않을 수 없다.

○월 ○일

거듭되는 영호와 대화 중에서 이제 자신은 죽고 싶지 않다는 말을 다시금 진지하게 되새기게 하였다. 나는 그의 말을 그대로 믿고 싶다. 하지만 모든 인간은 불완전하다. 인간이란 존재는 자기 목숨조차 스스로 거느릴 수 없는 까닭에 때로 자살이라는 삶의 포기 수단을 선택하는지도 모른다. 나는 영호와 첫 만남에서 요시찰 표지판에 적힌 그의 자살 미수 전력을 염두에 두었고 어떻게 하든 그에게 새로운 삶의 의미를 되찾게 하는 것이 나의 역할임을 사명처럼 깨닫게 되었다. 그래서 기도하는 마음으로 영호를 만났으며 만날 때마다 웃으며 그의 마음을 두드렸다. 나아가 철창 사이로 손을 내밀어 그의 손을 잡아 주었다.

사실 징역 20년이라면 가히 절망적인 형량이다. 다행히 영호는 원심이 파기되어 재심 중이긴 하지만 그의 마음은 절망감으로 가득 차 있었다. 그래서 스스로 죽는 길만이 최선의 선택이라고 섣부른 결정을 내렸다는 게 내 판단이었다.

하지만 그는 살아야 한다. 혹자는 죽을죄를 지은 그의 삶이 인간적으로 또는 도덕적으로 무슨 의미가 있겠느냐고 여길지 모른다. 그럼에도 하나님의 뜻은 무한한 역할 능력과 가치 창조의 삶으로 바뀔 수 있다는 것이다. 이미 예수 그리스도는 십자가 사건을 통하여 어떤 죄인이든 구원받을 수 있는 진리를 완성한 것 아닌가. 절망한 사람에게 이보다 더 큰 희망은 없다.

○월 ○일

영호가 나의 친절에 은근히 자기 욕심(?)을 드러내었다. 자기 형한테 전화 연락을 해 달라는 것이다. 나는 서운하지 않게 거절하고 나서 공적인 내 입장과 현실적인 상황을 이해시켰다. 물론 어렵지 않은 부탁이어서 눈을 딱 감고 들어줄 수도 있다. 하지만 오해의 불씨가 될 수 있고 교도관의 정당한 직무 태도는 아니었다.

그럼에도 마음이 개운치 않아 이튿날 교무과에 들러 봉함엽서를 한 장 얻어다 주었다. 집에 편지를 쓰라고. 오히려 그가 내 진심이 통했던지 무척 고마워하였다.

○월 ○일

영호가 5년이나 감형되었다. 원심 파기 이후 다시 심리가 진행된 항소심에서 종전의 20년 형에서 15년으로 감형된 것이다. 영호는 내심 치료감호 처분을 바랐지만 그건 많은 형량을 의식한 한낱 기대에 불과했다. 어쨌든 잘된 일이었다. 그 소식을 전하는 영호는 모처럼 웃음을 보이며 최 담당님의 기도 덕분이라며 좋아하는 표정을 감추지 않았다. 사실 나는 영호를 위해 간절히 기도했다. 돕고 싶어도 내 힘으로 어찌할 수 없는 일에는 하나님의 도움을 구하는 것이 기도다. 하나님의 능력은 무한하므로 그분의 자비하심을 간구하였던 것이다.

영호는 나와의 만남을 하나님의 은혜라고 말하고 있다. 나 또한 그렇게 생각한다. 얼마 안 있으면 영호와 나는 헤어질 것이다. 그 사실을 알고 있는 영호는 갑자기 내 정확한 이름과 나이를 알려 달라고 하였다. 지금까지는 그냥 최 담당으로 통하던 터였다. 나는 왠지 어떤 조바심이 느껴졌다. 영호는 곧 형(刑)이 확정될 것이고 조만간 교도소로 이감될 것인데 나는 그에게 좀 더 확고한 신앙을 심어 줘야 할 거룩한 의무감이었다.

○월 ○일

영호의 사건 기록을 나중에서야 자세히 알게 되었다. 그 사실을 굳이 열거해서 무엇하랴. 그러나 아무리 생각해 보아도 상식적으로 이해할 수 없는 범죄였다. 그래서 그런지 재판 과정에서 판사님은 피고인의 정신감정을 의뢰했고 상고심에서 원심 파기의 주원인이 거기에 있었던 것 같았다. 나는 지금까지 그의 사건에 대해서는 일절 묻지 않았다.

그의 얼굴 속에 꾸밈없는 스물한 살 청년의 모습으로만 보려고 애썼다. 어쩌면 그의 범죄를 생각할수록 내게는 부정적인 선입견이 작용하여 미움이 싹틀지도 모른다. 그렇게 되면 아무런 신앙적인 책임을 느끼지 못하고 나와 상관없는 한 죄수로만 머물고 만다. 나는 내가 확실히 믿고 있는 복음—기독교 진리를 분명하게 심어 주고 싶었다. 기독교적 구원관은 그 대상의 보편성에 있다. 누구든지, 설령 인간의 안목으로 볼 때 구원의 가능성이 없는 흉악한 죄인이라 하더라도 하나님은 그를 사랑하시며 그를 위해 독생자 예수 그리스도가 십자가 지고 대신 죽으신 절대적 은혜를 베풀고 계신다.

○월 ○일

영호를 조용히 불렀다. 4영리란 소책자를 같이 손에 쥐었다. 연필로 줄 그어 가며 천천히 읽으며 자세히 설명해 주었다. 그의 눈빛은 진지했다. 성경 이상의 복음은 수용자 형제들에게 없다.

"영호야, 이 책은 성경을 아주 짧게 요약한 거야, 어쩌면 네 생애에 있어서 가장 중요한 책이 될지도 몰라…."

영호는 더욱 진지해졌다. 명석한 그는 쉽게 이해하고 깨닫는 표정이 역력했다. 하나님의 완전한 사랑은 우리의 모든 죄를 용서하고 새로운 피조물로 거듭나게 하시니 이제 성숙한 그리스도인의 생활을 해야 한다고 하였다. 영호의 손을 잡았는데 의외로 부드러웠다. 손을 꼭 잡고 간절히 기도드렸다.

"사랑하는 주님, 우리는 다 죄인입니다. 그러나 주님께서는 우리의 모든 죄의 짐을 지시고 십자가 위에서 갖은 고난을 당하시며 죽으셨습니다. 이제 우리 모든 죄짐을 주님께 맡깁니다. 이제 예수님을 믿고 영접한 영호가 주님의 소금과 빛으로 살게 하소서. 오로지 주님의 영광만 바라보게 하옵소서. 건강을 지켜 주옵소서. 우리 주 예수님의 이름으로 기도드립니다. 아멘."

내 눈시울이 뜨거워졌다. 영호의 눈에도 눈물이 맺혀 있었다.

04 교도관의 아내

고마운 아내다. 결혼 전 남편 될 사람의 직업이 교도관인 것을 알고 그때부터 나를 깊이 이해하기로 마음먹었다고 하였다. 사실 처가 식구들은 우리의 결혼을 탐탁하게 여기지 않았다. 월급도 적고 사회적 평판이 그리 높지 않은 하급 관리를 환영할 리 만무했다.

그러던 어느 날 그녀는 나의 진심 어린 고백을 들어 주었다. 그 용기를 얻기까지 나는 금식하며 기도했다. 이 고백의 처음은 '나는 교도관입니다'로 시작하였으니 아내는 숙명적으로 교도관의 아내가 된 것이다.

어느 화창한 토요일 오후였다. 아내는 나를 찾아 어린 아들의 손을 잡고 정문 앞에 와 있었다. 아내가 속한 교회의 여전도회 회원들과 수용자 위문예배에 참석하러 온 것이다. 이전에 아내는 내게 그 행사 계획을 말하고 어떻게 하면 되느냐고 내게 물은 적이 있었다. 솔직히 나는 반대하지 않았지만 내 직장을 떳떳하게 드러내지 못한 속내는 순전히 교정 시설이 상대적으로 깨끗하지 못하고 침침한 분위기 때문이기도 하였다.

그런데도 아내는 교회에서 마련한 작은 선물 꾸러미를 싸 들고 찾아왔다. 더욱이 아내는 아빠의 제복 입은 모습을 어린 아들 앞에 자랑스럽게 보여 주고자 했던 용기가 가상했다. 언젠가 나는 아내에게 비밀스러운 연애편지라도 보여 주듯 수백 통이나 되는 두툼한 편지 묶음을 보여 주었다. 아내는 호기심 어린 눈으로 편지들을 읽었다.

읽고 나서 특별한 소감을 말하진 않았지만 무엇인가 깊이 느끼는 것 같았다.

이 편지 묶음은 사형수 C 씨, 무기수 O 씨, 감호소에 있는 K 씨를 비롯해서 주로 장기형(長期刑)을 받은 수용자 형제들이 보내온 편지였다. 대부분 서툰 글씨였지만 정성스럽게 써 내려간 사연들은 진심이 가득했다.

05 새로운 꿈

최근에 나는 오랜 꿈을 한 가지 이루었다. 농촌인 고향에서 고등학교를 졸업하고 대학에 진학하지 못하여 더 공부하고 싶은 열망이 컸다. 변명이긴 하지만 남들처럼 넉넉한 집안에서 태어나 마음껏 공부하고 풍요한 생활을 누리고 싶은 꿈은 누구나 갖는 욕망일 것이다. 그러나 이보다 더 아름다운 꿈이 내게 있었으니, 그 꿈은 환경을 탓하지 말고 주어진 처지에 감사하며 노력할 수 있는 활력이 되었다.

나는 직장에 근무하면서 5년에 걸친 방송통신대학 과정을 어렵사리 마치고 당당히 학사 학위를 받고 지난해 가을 학기에 모 교육대학원 상담심리학과에 합격하였다. 누구보다 아내가 축하해 주었다. 애써 모은 목돈이 등록금으로 나갔어도 우리 부부의 행복이라 여겼다. 할 수만 있으면 나는 이 학문을 통해 좀 더 친절하고 능력 있는 일꾼이 되고 싶다. 아름다운 그 꿈을 날로 더 키우고 싶은 것이다.

06 다시 부르는 이름

누구나 그러하듯 퇴근길 집 안에 들어서기 전에 편지함을 살펴본다. 행여 반가운 소식이 있을까 해서다. 사람들은 이런 기다림으로 살아가는 것일까. 오늘도 한 통의 편지가 주인을 기다리고 있었다. 정택 씨의 편지였다. 1심에서 무기징역을 선고받았던 그는 항소심에서 20년 형으로 감형되었다며 반가운 소식을 전해 왔다. 그가 이런 고백을 한 적이 있다.

"담당님, 제가 예수를 1년 전에만 믿었어도 제 인생이 확 바뀌었을 것입니다…."

겨우내 꽁꽁 얼었던 땅은 따뜻한 봄바람에 녹듯이, 어쩌면 이 봄바람은 죄 많은 인간에 대한 무한한 하나님의 사랑이 드러나는 자연현상이라는 생각이 들고 있다. 흔히 교도관은 음지에서 일한다고 비유한다. 음지는 온도가 낮아 쉽게 추위를 느낄 수 있는 곳이다. 하지만 햇살 한 줄기는 음지를 그만큼 더 밝혀 주며 따뜻하고 부드럽게 한다는 사실은, 우리 교도관의 사명에 비길 수 있다.

나는 언젠가 성직자적 사명감이란 말을 유심히 들은 적이 있다. 사명(使命)이란 말은 신(神)이 부여한 명령이란 뜻이 담겨 있다. 어찌 나같이 미천한 자가 성직(聖職)이라는 사명을 감당할 수 있겠는가. 그럼에도 나에게는 분명 그 한몫이 있음을 부인하지 못한다. 간음한 여인에게 모든 사람이 돌을 던진다 해도 최소한 덩달아 돌을 던지는 사람은 되지 말아야겠다. 왜냐하면 나는 교도관이기 때문이다.

어느 노병(老兵)의 말에서 인용한 표어가 나주 나를 일깨우고 있다. '한번 교도관은 영원한 교도관!'이라고. 확고한 직업인의 자세를 다짐하는 말이다.

아침이면 나는 하늘을 바라본다. 하늘 푸른 날은 왠지 가슴이 두근거린다. 계절은 어느새 라일락 향기가 여기 하얀 담장 안에 번지고 있다. 그러나 이 꽃도 곧 지고 말 것이다. 오늘 아침에도 몇 통의 편지를 우체통에 넣었다. 나는 긴 편지를 쓰지 못하고 대신 꽃 그림이나 근사한 풍경화가 담긴 엽서에다가 성경 말씀과 짤막한 사연을 적어 보내곤 한다.

특별히 오늘은 영호에게는 붉은 장미꽃 한 다발을 안겨 주었다. 요사이 영호는 스스럼없이 나에게 형님이라 부르고 있다. 싫지 않다. 나도 영호가 나의 소중한 아우임을 기쁘게 여기며 출근길에 다시 그의 이름을 나직이 불러 보았다.

(1989 법무부 교화수기 우수상,《再生의 등불》수록)

민들레의 꿈

01

작년 이맘때의 일이다. 난생처음 TV에 출연하였다. 그것도 엑스트라가 아닌 당당한 주인공으로 심야 텔레비전 화면에 내 얼굴이 클로즈업되어 무려 5분 동안이나 나왔다. 사실 TV 출연 제의를 받고 한사코 거절했지만 내막을 알고 보니 그것은 내 개인의 문제가 아니었다. 어쩌면 전체 교도관의 자존심에 관한 것이기도 하였다. 생각이 거기까지 이르자 무턱대고 거절할 게 아니라 이런 기회를 통하여 교도관의 긍정적인 이미지와 수용자 교정교화라는 막중한 사회적 사명을 알리는 데 기여할 수 있겠다는 나름의 기대감에 결국 출연하게 되었다.

지금은 그 프로그램이 없어졌지만 작년 봄 시작되어 몇 달 동안 진행되었던 KBS1 TV의 〈나를 감동시킨 이 한 권의 책〉이란 프로였다. 늦은 밤 하루를 정리하는 시점에 각계각층의 사람들이 나와서 자신의 생애에 있어서 결정적인 영향을 끼친 한 권의 책을 소개하였다. 그리하여 장래 삶의 목적을 분명하게 하는, 이른바 책을 통한 인생의 길잡이가 되어 주는 매우 유익한 내용을 담고 있었다.

지금 생각해 보아도 담당 프로듀서의 출연 제의가 무척 진지하였다. "우리나라에 많은 공직자들이 있지만 교도관만큼 음지에서 묵묵히 일하며 보람을 찾는 분들은 많지 않을 것 같습니다. 더구나 교도관들이 책을 많이 읽는다는 얘기를 들었습니다……." 솔직히 그 얘기를 듣고 기분이 좋았다. 그렇다고 "그럼요. 그 말이 맞습니다."라고 맞장구치기엔 내심 부끄러운 생각이 들기도 했지만 정말 말없이 최선을 다하는 동료들을 보노라면 아주 틀린 얘기는 아니라는 생각이 들었다.

02

내가 소개한 책은 손봉호 교수의 《나는 누구인가?》(샘터사) 교양서였다. 풋내기 교도관 시절 나는 이 책을 발견했고 수많은 책 가운데서도 교도관의 직업적 가치관을 설득력 있게 설명하는 길잡이가 되는 책이었다. '나는 누구인가? 왜 사는가? 어떻게 살 것인가?'라는 작은 제목이 붙은 그 책을 통하여 적어도 나 자신이 교도관이라는 확고한 직업적 소명을 깨닫게 된 터였다.

드디어 나는 하늘색 교도관 제복을 입고 카메라 앞에 섰다.

"교정 현장에서 교도관들의 마음속에 철칙으로 여겨지는 서로 상충되는 두 가지 명제가 있습니다. 하나는 '수용자는 도무지 믿지 말라'는 것이고 다른 하나는 '죄는 밉지만 사람을 미워해서는 안 된다'는 말입니다. 이 모순의 상황이 매일 전개되는 곳이 우리의 일터입니다. 그래서 교도관들은 때로 갈등하고 좌절하기도 합니다. 하지만 결국 수용자들을 사랑하지 않으면 안 되는 신념으로 하루하루 힘든 일과 가운데 최선을 다하고 있습니다.”

사뭇 긴장되고 떨렸지만 천천히 인터뷰에 응했다. 내심 5분짜리 프로그램이 뭐 그리 대단할까? 가볍게 생각했던 점도 없지 않았다. 하지만 방송국 스태프들은 그게 아니었다. 단 5분짜리 프로그램에 쏟은 정성은 무려 3시간이 넘었다.

며칠 후 나는 텔레비전 화면에 비친 내 모습을 기대 어린 눈으로 바라보았다. 잔잔히 흐르는 배경음악과 사뭇 긴장된 내 얼굴이 드러났는데 여간 쑥스러워지는 게 아니었다. 차츰 프로그램이 진행될수록 적이 교도관으로서의 자부심이 일었다. 끝머리에 책 소개뿐만 아니라 7년 전부터 최기훈 교도관이 직접 만들어 전국 교도소에 있는 장기수들에게 보내고 있다는 사랑의 편지 ‘민들레편지’를 소개했다. 더 뿌듯한 보람을 느끼게 해 주었고 마지막 장면을 지금도 잊지 못하고 있다. 노란 민들레꽃을 배경으로 하얀 홀씨가 날아가는 아름다운 영상 속에 낭랑한 성우의 목소리가 들려왔다.

사랑함으로써 사랑스러운 사람을 만들 수 있다는 것이 사랑의 위대한 신비이며 그 사랑을 받은 사람은 또한 다른 사람을 사랑할 수 있으리라.

— 책《나는 누구인가?》중에서

그렇다. 사랑하는 일, 확실히 그 일은 교도관의 직무에 있어서 제

일의 과제다. 이제 오월이다. 오월이면 나는 짐짓 설렌다. 붉게 핀 장미 한 다발을 들고 어느 반가운 손님이 찾아올 것 같은 느낌! 이 계절만큼 따뜻하고 향기롭고 넉넉한 계절이 또 있을까? 오월은 사랑과 감사의 계절임을 깨닫는 순간 정작 내가 먼저 누구를 사랑하고 베풀지 않으면서 사랑받기만을 원하고 있지는 않은지 곰곰 되짚어 볼 일이다. 한 통의 편지를 받았다.

최기훈 선생님께

오월의 단비가 부슬부슬 내리고 마른 땅에서 숨 쉬는 소리가 들려오는 것 같은 참으로 좋은 계절입니다. 가정의 달에 그동안 평안하신지요? 저 역시도 선생님의 기도와 염려로 건강히 잘 지내고 있습니다. 이번에 광고 디자인 기능사 1급 필기시험에 합격하고 실기 연습에 열중하고 있습니다. 저는 건축기사 1급 자격증을 비롯 많은 자격증을 따고 상도 받았습니다만 이러한 시험을 준비할 때마다 선생님의 보이지 않는 기도와 사랑을 잊을 수 없습니다. 정말이지 선생님은 신앙으로 살고자 애쓰며 보이지 않게 사랑을 실천하는 분이라고 감히 말씀드리지 않을 수 없습니다.

얼마 안 있으면 어버이날과 스승의날이 됩니다. 이러한 날이 저처럼 갇힌 사람에겐 무슨 의미가 있겠습니까만 그럴수록 저에겐 선생님 생각이 간절해집니다. 그때를 생각하면 몸서

리칠 만큼 생각하기도 싫은 기억이지만 엄청난 죄로 인하여 중압감에 빠졌을 때 선생님이 다가오셔서 별말 없이 빨간 성경책 위에 저의 두 손을 맞잡고 뜨겁게 기도해 주던 그 순간을 잊을 수 없습니다. 아마도 그 순간이 제 생애 위대한 결단의 시간이었음을 고백하지 않을 수 없습니다. 주님을 알게 하고 그 사랑을 가르쳐 주신 은혜가 세상의 그 어떤 은사의 가르침보다 더 크고 소중하다는 것을 다시금 깨닫습니다.

그 시절이 벌써 십삼 년 전의 일이군요. 그동안 저에게 수많은 갈등과 부침이 있었지만 입때껏 그 무엇으로도 끊을 수 없는 사랑과 은혜의 사슬로 묶어 놓았기에 내일의 희망을 꿈꾸는 오늘의 제가 있게 되었습니다. 스승의날을 맞이하여 한 송이 붉은 장미꽃을 선생님 가슴에 꽂아 드릴 수 있으면 좋으련만…… 장미꽃보다 더 뜨거운 제 마음을 받아 주시기 바랍니다.

요즘 매일같이 새벽에 일어나 기도하며 하루를 준비하고 있습니다. 언젠가 주님의 뜻 가운데 저에게 자유의 몸이 허락된다면, 이제는 정말 무익한 사람이 아니라 유익한 사람이 되어서 가족과 이웃에게 선생님처럼 주님의 사랑을 나누는 그런 삶을 살고 싶습니다. 선생님, 감사합니다.

1997년 5월 6일 인호 올림

03

잠잠히 떠오르는 얼굴, 이목구비가 뚜렷하고 키도 큰 미남 청년이다. 인호와 만남은 그가 말한 대로 13년 전이다. 참으로 내게 많은 것을 생각나게 하는 특별한 만남이었다. 교도관으로 임용된 후 3년쯤 되었을까? 그때만 해도 소심하고 겁이 많은 터라 나는 현장 근무가 여간 부담스러운 게 아니었다. 그러던 어느 날 내 앞에 운명처럼 다가온 인호였다. 대학생인 그는 열심히 공부했고 봉사활동에도 앞장섰다. 그런 그가 학생회 공금 관리에 허점이 드러났다. 책임감이 강한 그는 돈을 채우려는 강박감에 시달리다가 엄청난 범죄를 저지르고 말았다. 야근하는 날이면 나는 그에게 다가갔다. 비번 날에도 그의 생기 없는 얼굴이 눈에 아른거렸다. 어떻게든 그를 돕고 싶었다. 도무지 희망이라곤 찾아볼 수 없는 그에게 내가 도울 수 있는 것은 마음뿐, 아니 복음적인 애정이었다. 지은 죄야 죗값대로 벌을 받는 게 당연하지만 그의 얼굴을 보면 볼수록 한 영혼에 대한 불쌍한 생각이 간절했다.

깊은 밤, 곤하게 잠이 든 인호의 얼굴을 보면서 나는 기도하곤 하였다. '주님, 저 영혼을 불쌍히 여겨 주옵소서. 이 절망에서 벗어나 주님께 소망을 두고 살아가게 하옵소서.' 어쩌면 그는 행운아였다. 재판이 진행되자 나는 탄원서 등 재판에 도움이 될 만한 내용들을 적극적으로 조언했다. 가족과 이웃의 헌신적인 도움으로 1심에서 무기징역 형을 받았지만 2심에서 15년 형을 받았다. 형이 확정되고 지방 교도소로 이송되어 본격적인 수형생활에 접어들었다. 그 후로 13년, 인호와 교제는 한마디로 나 자신이 교도관이라는 정체성을 문득문득 일깨워 주는 존재였다. 그러기에 오히려 내게 고마운 그다.

하지만 때로 그는 나에게 심각한 고민과 갈등을 털어놓기도 하였다. 극심한 죄책감에 빠져 삶의 의욕을 잃은 듯 항변하는 편지도 보내왔다. 그럴 때면 나 또한 그의 심정에 비길 수는 없지만 기도하며 진정 어린 답장을 했다. 성경을 찾아가며 '하나님의 사랑과 용서'에 대한 성구를 일일이 열거하여 설명해 주었다. 또한 그와 연결하는 사랑의 끈을 마련하는 것도 중요했다. 7년 전부터 지금까지 '낮은울타리'라는 양질의 잡지를 정기 구독하게 해 주어 그에게 평범한 사람들의 가슴 뭉클한 사랑 이야기를 들려주었다. 그로 말미암아 수용 생활이 결코 무의미하거나 소망 없는 세월 치레가 아님을 은연중 깨닫게 하고 싶었다. 또 종교위원 목사님과 자매결연을 주선하여 예배와 상담을 통한 신앙 성숙을 꾀하고 정서적으로도 안정되도록 도와주었다. 인호와 나눈 편지만 해도 수백 통이 될 듯하다.

04

인호는 생각할 줄 알고 돌아볼 줄 아는 청년이었다. 수형생활에도 괄목할 만한 진보를 일궈 내었다. 건축기사 1급 자격증을 비롯하여 기능경기대회와 교정작품전시회 등에서 좋은 성적을 거두었다. 본인의 성취감은 물론 여러 사람을 기쁘게 하였다. 정작 중요한 것은 이러한 표면적인 일보다 더 큰 보람을 느끼게 하는 보이지 않는 열매들이었다. 내가 그를 돕기로 결심한 것도 어떤 물질적인 시혜가 아니라 그 마음에 평안과 죄책감에서 벗어나 남은 인생이 사랑을 실천하는 봉사자로서 제2의 인생을 꿈꾸게 하는 그런 꿈이었다.

나는 교도관으로서 또 다른 직무(?)를 하나 더 감당하고 있다. 7년 전부터 미욱한 대로 '민들레편지'라는 사랑의 편지를 만들어 매달 수 백 통씩 전국 교도소에 무기수를 비롯한 장기수 형제들에게 보내는 일이었다. 사실 내가 근무하고 있는 구치소에서는 교도소와는 달리 수용자 개인에 대한 관심을 지속하기 어렵다. 불과 몇 달 정도 수용 되어 있다가 형이 확정되면 이송 가는 실정이어서 교화에 대한 열정 을 갖고 있더라도 제한적이다. 그럼에도 나에게 중범자인 장기수 형 제들만큼은 특별했다고 볼 수 있다.

재판 과정에서 중형이 예상되는 미결 수용자들에게 중요한 것은 무 엇보다 심리적인 안정이었고 절망뿐인 자기 장래에 한 줄기 소망을 심어 주는 그 일이었다. 이렇게 누군가 자신에게 관심을 갖고 기억해 주는 그 자체만으로도 저들은 스스로 삶의 의미를 찾게 되는 것이라 고 여겼다. 나는 지금 하루에도 적지 않은 편지를 받고 있다. 영등포 구치소를 거쳐 간 전국 교도소에 있는 장기수들이 민들레편지를 받 고 보내오는 편지들이다. 편지를 통한 상담과 격려는 마땅히 감당해 야 할 보람 있는 일이었다. 또 다른 도움을 요청하는 수용자들에게는 기독교 선교단체나 교회의 도움을 요청하기도 하였다. 사실 이런 일 을 감당하기엔 벅차고 어려움이 따르기 마련이다. 하지만 이러한 정성이 절망 가운데 있는 수용자 한 사람이라도 새롭게 거듭나는 기회가 된다면 얼마나 아름답고 가치 있는 일인가?

곰곰이 생각해 보면 교도관과 수용자는 도무지 서로 조화를 이룰 수 없는 관리와 수인(囚人) 관계다. 그 이상도 이하도 아니다. 그럼에도 그 표면적 만남 뒤에는 내면에 흐르는 순수한 인간애가 있다. 기독교적으로 말하면 복음적인 긍휼이다. 그래서 교도관의 직무야말로 보람 이상의 성직(聖職)이라고 나는 믿는다. 나는 여기서 이 가치를 '민들레의 꿈'이란 말로 비유하고 싶다. 내가 교도관으로 근무하는 한 누가 뭐래도 나는 이 꿈을 찾을 것이다. 절망에 빠진 이들에게 소망을 주고 증오심 가득한 이들에게 화해와 용서를 가르칠 수만 있다면 이보다 더 고상한 직업이 어디 있겠는가?

05

오늘 나는 생각지도 못한 한 통의 전화를 받았다. 광주에서 걸려온 시외전화였다.

"저 모르겠습니까? 영채인데요. 오늘이 바로 스승의날이잖아요. 형님 생각이 나서요. 한번 찾아뵈어야 하는데 형님 뜻대로 우선 직장에 충실하려고요······."

영채와의 인연도 민들레편지와 더불어 꼬박 8년을 지속했다. 고등학교 3학년 때 친구들과 어울려 탈선했던 것이 적지 않은 징역으로 돌아왔다. 그는 현재 정비 공장에 취직했다. 나를 선생님으로 따르던 영채가 출소하더니 형님으로 부르기 시작했다. 참 뿌듯한 아우다. 나는 그에게 열심히 일하고 효도하며 멋진 인생의 주인공이 되라고 격려했다. 민들레처럼 짓밟혀도 죽지 않고 반드시 샛노란 꽃이 피어 바라보는 이들에게 새로운 소망을 느끼게 해 주라고. 민들레의 꿈은 그리 화려하지 않다. 작고 낮은 자들에게 다정한 이웃이 되어 믿음과 소망과 사랑의 꽃을 피우게 하는 것이다.

오월은 참 푸르다. 산과 들, 하늘이 푸른 만큼 미움보다 내 가슴속 사랑을 나눌 수 있음이 얼마나 존귀한 일인가. 오늘은 인호와 영채에게 짤막한 엽서라도 보내야겠다. 푸른 오월의 꿈을 담아서 민들레 홀씨처럼 날려 보낼 테다.

"오월이네요. 오월은 누군가 더욱 그리워지는 계절입니다. 이 싱그럽고 향기로운 계절에, 가슴을 활짝 펴고 더욱 사랑하는 꿈을 꾸었으면 좋겠습니다. 그래서 그 사랑이 점점 향기로 퍼져 가겠지요. 그러기 위해서는 아주 가까운 사람에게부터 '사랑합니다!'라고 말해야겠습니다.
아, 그리고 완전한 사랑이신 그분을 숨 쉬는 날 동안 잊지 말아야겠습니다. 그분이 먼저 목숨 바쳐 가며 우리를 사랑하셨기에 우리가 어떤 사람이라도 사랑을 할 수 있는 것입니다. 비록 우리가 어디에 있든지, 어떤 일을 하든지 그 은은한 사랑의 향기를 풍기는 주인공으로 살아야겠습니다. 평안을 빕니다."

인간 생애의 최고의 날은 자기의 역사적 사명 즉 신이 지상에서 자기를 어떤 목적에 쓰려고 하는지를 자각하는 날이다.

— 칼 힐티

* (추신) 인호는 15년 형기 중 모범적인 수형생활을 하다가 12년 11개월 만
에 가석방되어 다시금 손잡고 뜨거운 감사기도를 드릴 수 있었다.

(1997 법무부 교정교화 수기 우수상)

죄를 덮는 사랑

01

> 사랑한다는 것은 아무런 보증 없이 자기 자신을 맡기고 우리
> 의 사랑이 우리의 사랑을 받는 사람에게서 사랑을 불러일으
> 키리라는 희망에 완전히 몸을 맡기는 것을 뜻한다. 사랑은 신
> 앙의 작용이며 따라서 신앙을 거의 갖지 못한 자는 거의 사랑
> 하지 못한다.
>
> — 에리히 프롬,《사랑의 기술》중에서

언젠가 눈여겨 두었던 금언이다. 이렇듯 사랑은, 사랑이라는 용기로 실천에 옮길 때 가장 행복한 삶을 누릴 수 있다. 상식적인 진리다. 사랑하고 사랑하며 더불어 사랑을 나누는 삶은 얼마나 아름답고 고귀한가.

교도관의 사랑의 관직이다. 아마도 이렇게 말하면 어떤 이는 현실을 모르는 정신 나간 소리라고 따끔한 충고를 할지도 모르겠다. 사실 교도관의 직무는 엄정한 법 집행 작용이 본질이다. 범죄자를 교정교화하여 선량한 시민으로 사회에 복귀시킨다는 자체가 모순이요 한계

다. 그럼에도 교도관은 그 일을 감당하고 있다. 그래서 교도관의 직무는 '성직자적 사명'에 비유하는지도 모른다. 성직(聖職)은 무엇인가? 쉽게 말해서 아무나 할 수 없는 직업이다. 이렇게 성직이라는 의미에 비중을 두고 싶은 것은 아무래도 종교적인 뜻이 크기 때문이다.

종교란 무엇인가? 짧은 식견으로 종교의 본질을 제대로 설명할 수는 없겠지만 궁극적으로 인간 구원의 문제를 해결해 주는 것이 종교다. 구원은 기독교의 핵심 교리다. 이 성스러운 구원을 가로막는 것이 있는데 그게 바로 죄다. 사람들은 도무지 죄의 문제를 해결할 수 없기에 불안 가운데 살아간다. 필자가 기독교 신자여서 기독교의 교리를 내세울 수밖에 없다. 하지만 고백하거니와 교도관 경력 어느덧 14년이 되고 보니 죄의 해결책이 곧 진리(眞理)요 복음(福音)인 것을 깨우쳤다고나 할까.

흔히 '죄는 짓지 말아야지, 죄짓고는 못 살아…' 이런 푸념은 우리네 일상에서 주고받는 대화이기도 하다. 나는 그 소리가 예사롭게 들리지 않았다. 정말이지 죄짓고는 못 산다. 일시적으로 자기 죄를 숨길지언정 언젠가는 백일하에 드러나는 법, 설령 완전범죄라 하더라도 어찌 하나님의 불꽃같은 눈을 속일 수 있겠는가. 앞서 필자는 십수 년 교도관 경력을 자랑삼아 말했지만 경력에 앞서 더 확실하게 나를 지켜 주는 정신적인 지주는 바로 신앙이었다. 하나님을 믿고 있기에 하나님 앞에 두려운 나의 존재를 깨닫고 그 두려움으로 자신을 돌아보고 바로 세울 수 있었던 것이다.

02

그대들, 이 두려움을 아는가. 나는 나와 함께하는 수용자들을 이 글 속에서는 '그대'로 부르고 싶다. 한 가지 간과할 수 없는 것은 나 자신도 교도관이기 전에 허물 많은 별수 없는 한 죄인(罪人)이라는 사실, 그래서 그대들 앞에 더욱 떳떳하게 진리를 가르칠 수 있다는 역설이 진실이요 믿음이다.

사랑으로 죄의 문제가 해결된다. 성경의 가르침은 바로 이 사실을 증명하고 있다. 애당초 인간이란 존재는 불완전한 죄인의 상태이고 죄가 죄인 줄 모르고 살아가는 죄인을 향한 하나님의 긍휼, 그 무한한 긍휼로 이 땅에 하나님의 아들 예수 그리스도가 사람의 몸으로 오셔서 죄 없는 자가 죗값으로 십자가에 못 박혀 피 흘려 죽으셨다. 전적인 하나님의 긍휼이요 사랑이다. 이 사실은 만고불변의 진리다. 그래서 그분 예수를 믿고 나의 구주로 영접하면 모든 죄가 용서받고 구원에 이르게 되는, 이 단순한 진리가 지상 최고의 진리임을 나는 믿는다.

이제 여기 그 사례를 조심스럽게 드러내고자 한다. 사랑의 힘은 얼마나 위대한 것인가, 스스로 가슴속 깊이 느낄 수 있었기에 그 이야기를 잠잠히 알리고 싶다. 참으로 우연하지 않은 만남이었다. 내가 근무하는 영등포구치소에서는 아주 자랑스러운 모임이 하나 있는데 이름하여 '영등포구치소 기독신우회'다. 크리스천 직원들이 삼삼오오 모여 기도하는 모임으로 출발한 신우회는 벌써 13년이나 되었고 지금은 50여 명의 신우회원들이 근무 현장에서 교도관으로서의 사명을 넉넉히 감당하고 있다. 더욱이 크리스천이기에 수용자를 향한 사랑의 실천이 가장 귀한 일임을 깨달아 수용자들을 '형제'라 부르며 사랑을 나누는 것이다.

한 개의 나무는 불이 타다가도 곧 꺼지고 말지만 여러 개의 나무는 불이 붙으면 더불어 활활 잘 타오르기 마련이다. 개인적으로 사랑을 실천하기란 여러모로 망설여지고 주저하게 되지만 이렇게 힘을 합하여 사랑의 불씨가 퍼져 갈 때 쉬이 꺼질 수 없는 불꽃이 되고 만다. 영등포구치소 기독신우회는 이처럼 크리스천 교도관들이 힘을 합하여 절망에 처한 수용자 형제들에게 생명의 복음을 심고 사랑을 나누는 일에 앞장서고 있다. 특별히 불우한 수용자와 그 가족을 돕는 일에 역점을 쏟는다. 근무 현장에서 여러 경로(접견, 서신, 재판, 개별상담 등)를 통하여 불우 수용자가 발견되면 찾아가 상담하고 현실적인 도움을 주고자 애쓰고 있다.

03

신후의 경우도 그랬다. 맨 처음 그를 상담한 것은 그가 입소하여 배정받은 사동의 담당 직원이었다. 16살이라고는 하지만 유난히 키가 작고 왜소한 체구였다. 자신이 저지른 끔찍한 범죄의 악몽에서 벗어나지 못한 듯 초췌한 그의 얼굴을 담당 교도관은 무심히 바라보지 않았다. 상담을 통하여 가정환경과 성장배경을 면밀하게 헤아렸다. 아버지 김준식(45세)은 일정한 직업이 없는 상태였고 술을 즐기다 보니 술에 취하면 습관적으로 아내에게 모진 욕설과 폭행을 일삼았다. 그뿐 아니라 신후와 동생까지(15세) 빈번하게 때리고 있었으니 견디다 못한 어머니와 두 형제는 가출하여 월세방을 얻어 따로 살았다. 어떻게 알았는지 아버지는 술을 먹고 거기까지 찾아와 애들을 데리고 가출하였다는 이유로 또다시 어머니를 때리고 또 부자의 정을 끊었다며 두 형제에게 매질을 했다. 그리고 다시 자신의 집으로 돌아갈 것을 강요하였지만 아버지의 소행을 아는 터라 듣지 않았던 것이다.

두 형제는 어머니와 그냥 거기서 살겠다고 하자 더욱 화가 난 아버지는 어머니에게 아이들 교육을 잘못시켜서 이렇게 되었다며 또다시 폭력을 멈추지 않았다. 그것도 모자라 싱크대에 있던 프라이팬으로 어머니의 머리를 내리치려는 것을 보고 어머니가 죽을지도 모르겠다는 순간적인 생각이 들었다. 어떻게 하든지 아버지의 폭력을 중지시켜야겠다는 다급한 마음에 흉기를 꺼내 들었다. 아버지한테 "프라이팬을 놓으세요." 외쳤지만 이미 이성을 잃은 아버지는 들은 체 만 체 했다. 여전히 살기등등하여 어머니의 머리를 내리치는 것을 보고 신후는 흉기를 휘두르고 말았다.

범죄 이야기는 어떠한 형태로든 미화될 수 없다. 더구나 아버지를 죽게 한 패륜아를 무슨 명목으로 동정할 것인가. 범죄는 그 이상도 그 이하도 아니다. 그럼에도 불구하고 나는 신후네 집에 일어난 이 비극을 그냥 모른 체할 수 없었다. 돕고 싶은 애절한 마음이 일었다. 공소장만으로 판단할 수 없는 범죄의 이면도 알고 싶었다. 가해자와 피해자는 아들과 아버지였다. 삼자인 나도 생각할수록 가슴이 미어졌다. 표면적으로 드러난 그 가정의 문제는 전적으로 가장인 아버지에게 있었다. 일정한 직업도 없이 매일 술에 취해 차마 아내와 자식 보기가 부끄러웠을 아버지의 심정을 누가 이해했을 것인가. 가족은 가장에 대한 원망을 넘어 증오심이 쌓였다. 어머니는 어머니대로 두 아들과 먹고살아야 하기에 파출부와 식당 일을 하며 돈이 된다면 갖은 고생을 감수했다. 극심한 어머니의 고생이 아들에게 각인되었다.

04

몇 차례 신후와 마주하면서 번뜩 떠오른 생각이 있었다. 그것은 신후의 가슴에 멍울진 상처를 하루바삐 치유해야 한다는 것이다. 물론 단박 해결될 게 아니지만 최선의 방법이 필요했다. 아버지의 장례와 신후의 구속으로 그 집은 파괴되기 직전이었다. 적지 않은 아버지의 장례비와 생전에 아버지가 남긴 빚도 있었다. 그 몫까지 어머니는 감당하지 않으면 아니 되었다. 또 중학교 3학년에 다니다가 중도 포기한 신후와 동생의 문제도 생각하지 않을 수 없었다. 그러나 돕고 싶은 마음뿐, 내 능력은 턱없이 모자랐고 현실은 녹록지 않았다. 우선 기독신우회에서 불우 수용자로 선정하여 생계를 도울 수 있도록 조치하고 동생이 복학하여 학교를 계속 다닐 수 있게 학비도 전달하기로 하였다. 신후를 접견하러 온 어머니께 이 사실을 말하고 학비를 전해 주며 함께 기도하자고 하였다.

"자비롭고 긍휼이 풍성하신 우리 주 하나님 아버지, 절망에 빠진 신후네 집에 새 소망을 주옵소서. 신후가 다시 일어설 수 있는 믿음의 용기를 더하여 주시고 진행되는 재판을 통해 하나님의 역사(役使)를 이루어 주옵소서. 어머니와 동생을 지켜 주옵소서. 주님께서 이 가정을 더욱 사랑하여 주시고 끝까지 돌봐 주옵소서……. 아멘."

기도하는 내 눈에서 눈물이 흘렀다. 연신 고마움을 드러내는 신후 어머니와 동생을 바라보며 정말이지 나는 하나님의 극진하신 사랑의 역사를 느끼며 크게 감사하지 않을 수 없었다. 그리고 어떻게 하든지 도와주고 싶었다. 마음에 울리는 간절한 소리가 들렸다. '도우려무나, 네가 도우면 나도 도와주리라' 어쩌면 주님께서 내게 주시는 음성이었다. 신후가 판사님께 보낼 탄원서를 쓰도록 주선해 주었다. 이대로 재판이 진행되면 겁에 질린 신후는 법정에서 제대로 진술하지 못할 게 뻔하다. 또 평소 기독신우회와 교분이 있는 이 전도사님께 연락하여 무료 변론을 맡아 주실 신실한 변호사도 소개받았다. 이 전도사님은 참으로 모범적인 교정 사역자였다. 그도 한때는 청송교도소 수감 전력이 있는 분이지만 출소하여 10년이 넘도록 청송교도소 검정고시반을 물질적으로 후원할 뿐만 아니라 오갈 데 없는 출소자를 헌신적으로 돌보고 있었다.

존경하는 재판장님, 저는 용서받을 수 없는 죄를 저지른 소년입니다. 엄청난 죄를 범했기에 감히 얼굴을 들 수도 없습니다. 하지만 이렇게라도 솔직한 심정과 사죄하는 마음이 있어서 글을 쓰게 되었습니다. 저는 서울에서 태어났습니다. 아버지는 부동산 중개업을 하시다가 잘되지 않아 쉬고 계셨고 어머니는 식당 종업원으로 일하며 생계를 꾸렸습니다. 저는 중학교 3학년, 동생은 2학년입니다. 제가 어려서부터 느꼈던 것은 아버지는 술만 드시면 어머니를 때리고 특별한 이유도 없이 저와 동생을 때리는 나쁜 버릇이 있다는 것입니다. 심지어 아버지는 저희들이 학교에 가지고 가는 도시락에 대해서도 불평을 하시면서 먹고살기도 힘들다며 다니던 학교를 그만두게 하였습니다.

그러던 어느 날 아버지는 또 술에 취해 어머니와 우리를 때리다가 지쳐 잠이 들었을 때 나는 어머니께 차라리 나가서 살자고 하였습니다. 어머니는 생각을 하신 뒤 그래 우리 나가서 살자고 하였습니다. 어머니와 저와 동생은 조용히 따로 나와 살게 되었습니다. (중략) 정말 저는 아버지가 무서웠습니다. 이대로 계속 살다 가는 어머니는 죽게 될 거라는 생각이 들었습니다. 그날도 아버지는 또 술에 취해 우리를 찾아와서 방구석에 앉아 있는 어머니를 향해 내리치려는 순간 못할 짓을 하고 말았습니다. 그때 어머니는 구석에 앉아 머리를 숙이고 있어서 이런 상황을 보지 못했습니다. 겁이 나서 저와 어머니는 아버지의 상처를 싸매고 동생한테 빨리 112에 신고하라고 하였지만 겁에 질린 동생은 울고만 있었습니다. (중략)

아버지가 그렇게 나쁜 것만은 아니었습니다. 저와 동생에게 장기와 바둑을 가르쳐 주시고 저희가 아플 땐 약도 사다 주셨습니다. 정말 술만 안 드시면 숙제도 도와주시는 좋은 아버지입니다. 아버지를 생각하면 저도 죽고만 싶습니다. 저는 불효자입니다. 앞으로 어떻게 살아야 할지 가슴이 터질 것만 같습니다. (하략)

05

하늘은 스스로 돕는 자를 돕는다는 격언이 있다. 신후네 집에 한 줄기 소망의 빛이 비치기 시작했다. 사건에 무료 변론을 맡아 주신 신 변호사님이 적극적으로 나섰다. 나는 또 신후네 딱한 처지를 수용자 선교단체인 기독교세진회에 연락하여 그 가정에 정말 주님의 사랑이 필요함을 간곡히 알렸다. "아, 그래요. 마땅히 도와야죠. 크게 도울 수는 없지만 도울 수 있는 데까지 돕겠습니다." 사무국장인 김 목사님의 대답은 고맙기 그지없었고 용기를 더해 주었다. 며칠 후 김 목사님과 나는 신후네 집을 찾아 나섰다. 서울 변두리 어느 골목길에 자리 잡은 단칸 사글셋방에서 목사님과 나는 정성 어린 장학금과 쌀도 전달했다. 또 앞으로도 계속 도울 수 있는 길을 찾기로 하였다. 마침맞게 가까운 교회에 도움을 구했다. 하나님의 사랑은 사람을 통해서 이루어지고 있었다.

사랑의 힘은 참으로 놀라웠다. 이 전도사님과 신 변호사님은 자기 일처럼 신후의 1심 재판을 위해 발 벗고 나섰다. 필요한 자료를 일일이 챙기며 시골에 사시는 신후 큰아버지까지 증인으로 채택하여 신후의 선처를 호소했다. 1심 선고가 있던 날, 나중에 들은 얘기지만 그 법정은 법의 냉혹함보다 법의 따뜻함이 흘렀다고 하였다. 재판이 시작되고 검사의 신문과 변호사의 반대신문, 아울러 증인신문도 끝났다. 변호사는 신후의 장래를 위해 선처를 간곡히 호소했다. 신후를 위해 기독신우회와 주변에서 사랑의 손길이 이어지고 있음도 부연 설명했다. 1심 구형량은 징역 5년, 죄명에 비해 파격적인 결과였다. 이제 1심 선고와 2심 재판이 남아 있긴 하지만 신후를 위해 기울인 정성은 헛되지 않았다. 신후가 어머니와 동생에게 쓴 편지를 읽어 보았다.

사랑하는 어머니께

그동안 안녕하신지요? 저는 어머니의 염려와 기도로 잘 지내고 있습니다. 어머니, 저 때문에 고생이 많으시죠. 고생하시는 어머니를 생각하면 눈물이 납니다. 나중에 나가면 꼭 효도할게요. 그리고 일하시다가 힘들면 하루쯤 푹 쉬세요. 누구보다 어머님이 건강하셔야 합니다. 엄마, 사랑해요. 불효자 신후 올림.

사랑하는 동생 재후에게

형이 자주 편지를 보내지 못해 정말 미안하다. 오늘 바깥 날씨가 구름 한 점 없는 맑은 날씨구나. 형은 여기서 너를 생각하며 건강하게 잘 지낸단다. 여기 있는 분들이 너무 잘해 주신다. 책도 읽고 성경도 읽으며 매일 하나님께 기도하고 있단다. 재후야, 너도 열심히 공부하고 어머니를 잘 보살펴 드려야 한다. 재후를 늘 생각하는 형 신후.

나는 계속해서 신후와 그 가정을 위한 기도를 드렸다. 그가 입은 상흔은 상상하기 힘들 정도다. 어쩌면 기억이 있는 한 사라지지 않을 것이다. 그럼에도 유일한 치유 방법은 용서밖에 없다. 용서하고 용서받아야 사랑이라는 기적의 빛은 어둠에도 빛나는 것이다. 성경은 사랑에 대하여 밝히 말하고 있다.

"무엇보다도 뜨겁게 서로 사랑할지니 사랑은 허다한 죄를 덮느니라. 벧전 4:8."

이제 여러모로 교도관의 직무와 관련된 사랑의 이야기를 마쳐야겠다. 앞서 말한 대로 '교도관은 사랑의 관직'임을 거듭 역설하며 말이다. 끝으로 연약한 내게 교도관이라는 이토록 귀한 직분을 주신 하나님께 감사하며 이 글을 맺는다.

"믿음, 소망, 사랑 이 세 가지는 항상 있을 것인데 그중에 제일은 사랑이라. 고전 13:13."

* (추신) 신후는 2심 재판에서 가정법원 송치 판결을 받아 소년원에서 일정 기간 지내다가 건강하게 출소하였다. 후일 고마운 인사를 드리겠다고 찾아온 신후와 어머니를 반갑게 만날 수 있었다. 하나님의 한량없는 은혜와 사랑에 깊은 감사를 드렸다.

(1995 법무부 교정수기 입상, 원제는 '열린 마음으로 사랑하기')

느티나무 아래서

01

한 그루 느티나무를 기억하고 있다. 내 어릴 적 그 나무에 올라 파란 하늘을 바라보면 손에 잡힐 듯 뭉게구름이 둥실 떠 있었다. 유독 상수리나무가 많았던 앞산 숲속에서 청아한 뻐꾸기 울음소리도 들려왔다. 지금 생각해도 유년의 고향은 마냥 가슴 설레는 한 폭의 수채화였다. 동네 어귀에 서 있는 느티나무는 그리 크지 않았다. 나는 아담한 이 느티나무의 넉넉한 품을 그리워한다. 느티나무는 가지가 수려하다. 보란 듯이 하늘로 치솟지 않고 뉘게 뒤질세라 무턱대고 가지를 뻗지 않는다. 나무의 기둥은 매끄럽고 부드럽다. 바람 불면 잔잔한 물결이 일듯 예의 촘촘한 잎사귀로 살랑살랑 춤을 추는 것이다.

나는 지금 또 다른 느티나무 그늘 밑에 서 있다. 어제는 먹장구름이 몰려와 금세 하늘을 덮고 한 보지락 소나기가 내리더니 오늘은 초여름의 매우 상쾌한 아침이다. 이 신록의 유월은 뜨거운 햇볕이 시나브로 열매들을 익어 가게 하지만 무더위에 지친 사람은 시원한 나무의 그늘이 그리워지는 때다. 그 그늘 밑에 고단한 한 나그네가 더위를 피해 잠시라도 안식할 수 있다면……. 그 꿈들이 모여 세상은 밝아지고 정이 넘치며 따뜻한 가슴 잇대어 웃으며 살아간다. 그야말로 살맛 나는 세상이다.

지금 나는 고향 마을 어귀에서 이제나저제나 옛 친구가 돌아오길 기다리는, 제법 어른이 된 느티나무를 생각한다. 내 코흘리개 유년에는 부끄러운 줄도 모르고 벗은 몸으로 그 나무에 올라 그의 벗이 되었지만 30년이 넘어 어른이 된 나를 맞이하는 느티나무는 뭐라 말할까?

"느티나무야, 기다려 주렴, 어른이 된 내 모습을 보여 주마. 아니 내가 지금 무슨 일을 하며 어릴 적 꿈을 어떻게 펼치고 있는지 자랑하고 싶구나."

02

누가 날 찾아왔으니 정문 밖으로 나와 보라고 하였다. 나가 보니 거기 낯설지만 낯익은 사람이 서 있었다. 까무잡잡한 피부, 검은 테 안경 너머로 그는 나를 보더니 성큼성큼 다가왔다. 흰 이를 드러내며 여간 반가워하는 게 아니었다. 옷차림은 남루했고 그의 손에는 달랑 성경책 한 권이 들려 있었다.

"최 집사님(크리스천인 나를 그렇게 불렀다), 오늘 아침에 안양교도소에서 출소했습니다. 정말 집사님이 고마워서 인사도 드릴 겸 이렇게 맨 처음 집사님을 뵈러 왔습니다."

김우길 씨였다. 사랑하는 여인으로부터 배신당하고 헝클어질 대로 헝클어진 삶에 못내 울분을 삭이지 못해 그의 가족을 폭행하여 3년 반이나 단절된 생활을 자초했다. 수용 생활 중에도 그는 여전히 좌절과 분노의 감정을 드러냈다. 출소하면 반드시 복수하겠다고 하였다. 나는 그를 동정하면서도 '그게 아닌데' 하는 생각을 하며, 그와 친해 (?)지려고 애썼다. 한편 그의 난폭한 성격으로 인해 수용 생활 중에 무슨 사고라도 치면 어떡하나 하는 조바심도 있었다. 그와 가까워질수록 정작 내 진심은 분노로 가득한 감정을 어떻게 하든지 바로잡아 주고 싶었다. 아니 '아름다운 복수'의 방법을 일러 주고 싶었다.

"김우길 씨, 내가 손쉽게 복수하는 방법을 알려 줄까요?"

농담으로 건넨 말이지만 진담이었다. 하지만 그의 눈빛은 내가 무슨 말을 하려는지 이미 알고 있다는 듯 내 말에 선뜻 귀 기울이지 않았다.

"우길 씨, 내 말을 잘 들으세요. 아무나 복수하는 게 아닙니다. 복수라는 건 결국 둘 다 망하는 길입니다. 진심으로 충고하고 싶네요. 때를 기다리세요. 그때가 오면 아마 우길 씨는 멋쩍게 웃고 말도록 내가 기막힌 방법을 가르쳐 주고 싶네요."

적극적인 성격인 그는 그때부터 내 관심에 어찌나 솔직하게 행동하던지 구치소라는 제한된 공간에 있으면서도 내게 자주 상담 쪽지를 보내왔다. 그러던 어느 날 나는 그에게 '아름다운 복수'의 첫 단계로 성경책과 신앙생활에 도움이 될 만한 책을 몇 권 건네주었다. 그리고는 더 이상 망설이지 않았다. 하나님을 믿고 그분의 도움을 받으면 된다고 하면서 덥석 그의 손을 잡고 기도하였다.

"바로 이 방법입니다. 지금 답답하고 분하고 억울한 심정을 하나님이 알아달라고 기도하는 겁니다. 또 최대의 복수는 진심으로 그녀와 가족을 용서하는 겁니다."

시큰둥하게 납득하지 못하겠다는 표정이었지만 그래도 우길 씨는 내 성의 있는 말에 귀를 기울여 주었다.

"그렇습니까? 한번 노력해 보겠습니다."

자신에 찬 목소리는 아니었어도 어쨌든 긍정적인 대답을 들었으니 그와의 교제는 한결 여유를 찾게 되었다.

03

3년 6개월이라는 긴 시간이 흘렀다. 어쩌면 이 시간 속에 잊음의 단계를 거치듯 증오의 감정도 누그러졌을 것이다. 하지만 분명한 것은 그가 이 세월 속에 하나님을 찾고 성경을 읽으며 기도하는 생활을 지속했다는 사실이다. 사랑과 용서의 비밀을 터득했다고나 할까. 그가 오늘 구치소 정문 앞에 서 있는 느티나무 아래서 나를 보며 멋쩍게 웃고 있었다. 반갑고 고마웠다. 얘기 중에 한마디 더했다.

"우길 씨, 이젠 그녀를 용서했나요?"

"에이 집사님도, 용서받을 사람은 오히려 저였습니다."

그와 긴 시간 만남을 잊지 못하고 나는 정문 안으로 들어올 수밖에 없었다. 이제 다시금 자유의 몸이 된 그의 손을 잡고 짧게 기도하고 헤어졌다.

"주님, 우길 씨를 주님의 강한 손으로 붙들어 주시고 인도하여 주옵소서. 아멘."

연신 내게 고마움을 드러내며 '걱정 마세요'라고, 또렷한 작별 인사를 하고 돌아섰다.

고향을 떠나 교도관이 된 지도 어느덧 17년이 지났다. 길다면 긴 세월이다. 솔직히 나는 직업이라는 것은 아니 직업의 가치는 개인의 생계를 위해 필요한 수단일 뿐이라고 부정적인 넋두리를 할 때가 있었다. 그러나 그 생각은 잘못된 직업관이었다. 더불어 사는 공동체 사회에 개인은 또 다른 이웃에게 선한 유익을 끼칠 수 있어야 한다. 선한 영향력이다. 직업의 가치는 그렇게 인간다운 삶의 진실과 연결되어 있다. 더욱이 내게 주어진 교도관이란 직분만큼 이러한 가치를 추구하는데 마땅하다는 긍지를 갖게 되었다.

그럼에도 솔직히 이런 내 신념은 때때로 흔들리곤 하였다. 하긴 나뿐만 아니라 동료 교도관들의 보편적인 갈등인지도 모른다. 열악한 근무 환경인데다가 수용자들이 상식적으로 이해할 수 없는 충동적인 행동을 드러낼 때면 차라리 도피하고 싶은 생각마저 들었다. 이렇게 흔들리다가도 다시금 뿌리 깊은 나무처럼 나를 바로 세울 수 있었던 것은 신앙 때문이었다. 내가 믿는 절대자 하나님에 대한 지극한 신뢰와 사랑이었다. 빛이신 그분이 나를 교도관으로 세우시고 끝까지 사랑하고 있다는 사실 말이다.

04

비 오는 날이었다. 이 비는 가물어 메마른 땅에 내리는 단비였다. 출근하자마자 그의 전화를 받았다. 비도 오고 한동안 연락이 없었기에 나는 대뜸 웬일이냐고 물었다. 그냥 내 생각이 나서 전화를 걸었다고 했다. 알고 보니 건축 현장에서 일하는 그는 비 오는 날이 쉬는 날이었다. 저렴한 여인숙에서 임시로 살고 있었는데 비 오면 낮잠을 잘 수밖에 없었다. 그의 마음을 이해했다. 저녁에 만나기로 하였다.

김우길(45세, 절도 및 폭력 전과 5회) 씨. 나는 이렇게 표면적인 그의 자랑스럽지 못한 신상을 폭로하지만 그는 개의치 않을 것이다. 아픈 과거가 미래를 밝혀 줄 것이므로. 경기도 어느 농촌 마을이 고향인 그는 술을 좋아하는 아버지와 어머니 잦은 싸움 속에서 자라났다. 급기야 견디지 못한 어머니는 우길 씨가 네 살 무렵 집을 나가 재혼을 하였고 별수 없이 술버릇이 여전한 아버지와 할머니 밑에서 성장하게 되었다. 아버지는 어머니마저 없으니 술만 먹으면 어린 아들에게도 폭행을 서슴지 않았다. 초등학교에 입학했지만 결국 우길 씨도 집을 나오고 말았다. 그렇게 40여 년을 떠돌이 인생으로 살아왔다. 어려서부터 넝마주이 생활이었고 고물 장수며 이것저것 닥치는 대로 살아온 부평초 인생이었다.

전과자가 된 것도 순전히 궁여지책이었다면 너무 그를 감싸고 합리화된 얘기인 듯하지만 동정을 넘어 공감하는 바 컸다. 세 번째 징역을 살고 나서 목수 일을 배웠다. 그 무렵 현장 부근의 식당 아주머니와 친하게 지냈는데 그 집에 과년한 딸이 하나 있었다. 그녀와 자연스럽게 사랑에 빠졌다. 이 사실을 안 그녀의 어머니는 반대하지 않을 수 없었다. 아무것도 내세울 게 없는 그의 면면을 알아차렸으니 완강하게 교제를 막고 나선 것이다.

폭력 죄로 3년 반이나 징역살이를 한 이번 사건의 발단이 되었다. 내가 그를 처음 만났을 때만 해도 그는 복수심을 숨기지 않았다. 오죽해야 동료인 담당 교도관이 내게 도움을 요청했다. '어이 내 친구, 최 집사! 내 근무지에 있는 김우길 씨를 어떻게 한번 사람 만들어 봐. 그냥 놔두면 나가도 또 큰 사고 칠 사람 같아.' 하는 게 아닌가. 당시 나는 교무과에서 기독교 담당이었지만 그렇다고 그를 자주 불러 상담할 처지가 못 되었다.

우길 씨는 눈도 좋지 않아 두꺼운 안경을 썼고 햇볕에 그을린 탓에 구릿빛 얼굴이었다. 손목은 씨름 선수 못지않게 어찌나 굵던지 잘못 건드렸다가는 누구든 한 방에 날아갈 판이었다. 앞서 얘기했지만 그는 자주 직원들을 통하여 내게 쪽지를 보내왔다. 그때마다 나는 찾아가지 못해도 성의 있는 답장을 해 주며 내 관심 속에 있음을 암시해 주었다. 정작 내 쪽지 끝자락에 성경 구절을 빠뜨리지 않았다. 핵심은 죄와 하나님의 용서, 그리고 나 자신도 누군가 용서를 해야 하는 것임을 넌지시 일깨워 주었다.

그의 분노는 차츰 식어 갔다. 반면에 신앙심은 날로 깊어졌다. 성경을 읽다가 궁금한 게 있으면 물어오길 주저하지 않았다. 그때마다 나는 시간을 내어 그를 찾았고 함께 손을 잡고 기도해 주면 여간 고마워하는 게 아니었다. 그는 나보다 세 살이나 위였다. 그럼에도 민망할 정도로 날 형님(?)으로 대하려고 하였다. 나는 그러지 말라고 당부하면서도 그에게서 어떤 뜨거운 의리 같은 게 느껴졌다.

단비가 내리는 오늘, 구치소 앞 간이식당에서 그와 마주 앉았다. 얼큰한 동태찌개를 시켜 놓고 이런저런 얘기 끝에 그는 불쑥 무슨 선물 꾸러미를 내놓았다. 기독교백화점에서 산 듯한 성구가 담긴 예쁘장한 메모판과 필통이었다. 우리 집 두 아들인 잠언이와 성언이에게 갖다주라고 하였다. 우리 애들은 '민들레편지'를 통하여 이미 잘 알고 있는 처지였다. 오늘따라 우길 씨가 얼마나 미덥게 보이던지.

05

사람은 변할 수 있다. 그를 변화시킨 것은 무엇일까? 놀랍게도 그는 이번 수형생활에서 배움에도 눈을 떴다. 초등학교도 졸업하지 못했기에 초등학교와 중학교 졸업 자격 검정고시에 합격했다. 이렇게 교육이나 일(노동)을 통해서도 사람은 변화할 수 있다. 하지만 그것만 가지고는 온전하지 못하다. 마치 마른땅에 단비가 내리면 땅이 부드럽게 풀어지고 거침없이 생명이 자라듯, 나는 그 변화의 비밀을 깨달았다.

"제 걱정은 마십시오. 어떤 유혹이 와도 이제 호락호락 넘어가지 않을 겁니다. 제 곁에 주님이 계시지 않습니까?"

빠른 걸음으로 빗속을 걸어가는 그의 뒷모습을 보며 나는 다시금 우길 씨를 위해 감사기도를 드렸다. 확실히 그는 새사람이 되었다. 아니 거듭난 사람이다.

이렇게 의미 있는 교정수기를 썼으니 모든 것이 내 힘으로 그를 변화시킨 듯 자랑하는 꼴이 되고 말았지만 그건 절대 아니다. 내 역할은 그저 암울한 그의 수형생활 중에 잠시라도 그의 벗이 되어 성경 한 권을 선물하고 그의 손을 잡아 기도해 준 것뿐이다. 그 이상은 은혜와 긍휼이 풍성하신 하나님께서 하셨다고 나는 믿는다. 왜냐하면 주님은 그를 위해 목숨을 버릴 만큼 사랑하시므로.

06

아이들과 저녁을 먹으려던 참이었는데, 우길 씨의 전화를 받았다. 다짜고짜로 두 아들을 데리고 지금 당장 신정 네거리로 나오라는 것이다. 요사이 비가 오는 날이 많아 날일 하는 그는 벌이가 뻔할 텐데도 우리 애들까지 저녁 대접을 하려는 성의에 나는 마음 상하지 않게 마다했다. 하지만 그것만이 능사는 아니었다. 더구나 어린 두 아들에게 가족이 없는 우길 씨는 각별한 애정을 드러내었다. 내심 내 아이들한테도 '이웃 사랑'에 대한 간접적인 체험이 되게 해 주고 싶었다. 나는 서둘러 두 녀석을 데리고 약속 장소로 나갔다. 우길 씨는 두 녀석을 보자마자 무척 반가워하며 양손을 벌려 손을 잡고 걸어갔다. 우리가 찾은 곳은 그가 단골로 이용하는 싸고 맛있는 한식 뷔페였다. 우리 애들도 스스럼없이 그 아저씨를 낯설어하지 않고 잘 따랐다. 환한 웃음을 보여 주는 우길 씨가 고마웠다. 배불리 먹고 녀석들이 "아저씨, 고맙습니다." 꾸벅 인사를 하자 우길 씨는 머리를 쓰다듬어 주며 "그 녀석들 잘생겼네요." 칭찬을 아끼지 않았다.

그리고 헤어질 즈음 우길 씨가 제안했다. 이왕 여기까지 왔으니 자기 집 구경을 하고 가란다. 골목길 허름한 사글세 자취방이었다. 이제 친근해진 두 아들을 데리고 나는 그의 방에 앉았다. 살아온 얘기를 듣노라니 그가 지금 얼마나 진실한 삶의 투쟁(?)을 하고 있는지 짐작하고도 남음이 있었다. "이제 정말 빌어먹더라도 떳떳하게 살아야죠." 그가 불쑥 꺼낸 고백이었다. 아이들도 두 눈을 크게 뜨고 이 험상궂은 아저씨의 얘기를 흥미진진하게 들었다. 집을 나오며 한 번 더 그의 손을 잡고 기도드렸다.

"사랑하는 하나님 아버지, 우길 씨와 함께하심을 감사드립니다. 주님께서 날마다 때마다 도와주옵소서. 일용할 양식을 주시고 더 큰 은혜를 베풀어 주셔서 속히 자립하게 하옵소서. 또한 장래에 신실한 배우자도 예비하여 주옵소서. 간절히 바라기는 이 험한 세상에서 넉넉히 주님의 이름으로 승리하는 주인공이 되게 하옵소서…. 아멘."

아이들도 덩달아 큰 소리로 "아멘." 하였다.
"그 아저씨는 말이다. 아빠보다 나이도 많고 무척 외롭게 성장했는데 한때의 실수로 인해 교도소에서 고생을 많이 하신 분이야. 하지만 하나님을 믿고 너희들이 보다시피 저렇게 매일 땀을 흘려 일하고 만나는 사람마다 먼저 인사하며 웃고 사시지 않니?"
돌아오는 길, 나는 두 아들에게 이 얘기를 차분하게 들려주었다. 녀석들이 언젠가 일기장에다 아빠의 직장을 '무시무시한 직장'으로 표현한 적이 있었다. 하지만 다음 구절에 '우리 아빠는 정말 훌륭한 일을 하신다'고 자랑하였다. 무릇 교육은 말보다 행동이다. 이 수기

를 마무리하며 나는 그가 보내온 편지들을 정리하다가 한 통을 꺼내
다시금 읽어 보았다.

07

최기훈 집사님께, 안녕하신지요?

세월은 참 빠르기도 하네요. 벌써 집사님과의 만남도 5년이
넘은 것 같습니다. 돌이켜 생각해 보니 저에게 있어서 집사님
은 은인과 같습니다. 인생은 어디서 와서 왜 살며 어디로 가
는지를 모르고 살아온 저였습니다. 제멋대로 살아온 죄인 중
의 죄인인 저를 집사님께서는 하나님 앞으로 이끌어 주셨습
니다.

하나님은 나의 모든 죄를 용서해 주시고 아들로 삼아 천국에
갈 수 있도록 큰 은혜와 사랑을 베풀어 주셨습니다. 이제는
정말 그 소망을 가지고 정직하고 진실한 삶을 살겠습니다. 사
실 제 어두운 과거는 절망과 고통의 시간들이었습니다. 그러
기에 내 생애 가운데 빛으로 찾아오신 주님을 다시는 놓치지
않고 싶습니다. 저를 위해 더 기도해 주십시오. 전능하신 주
님을 찬양하며… 할렐루야.

"그러나 내가 가는 길을 그가 아시나니 그가 나를 단련하신

후에는 내가 순금같이 나오리라. 욥기 23:10.”

안양에서 김우길 드림

(1998 법무부 교정수기 입상)

태양을 품은 편지 한 통

내 생애 지극한 편지 한 통이 되고 싶다. 추울 때는 연탄처럼 타올라 차디찬 몸을 따뜻하게 감싸 주거나, 더위에 지쳐 목이 탈 때 마중물 붓고 퍼 올린 시원한 샘물이 마른 가슴을 흠씬 적셔 주듯, 지치고 고단한 일상에서 새로운 힘과 용기를 줄 수 있는 그런 유익한 편지 한 통이 되고 싶은 것이다. 나는 참 많은 편지를 주고받았다. 하기야 요즘 세상은 펜을 쓰지 않고 전자 서신이나 그마저 번거로워 간편한 손전화 메시지를 주고받으니, 하얀 종이에 꾹꾹 눌러 쓴 정성 가득한 친필 편지는 그만큼 더 소중하게 여겨진다.

이태 전 가을, 나는 어머니의 따뜻한 편지 한 통을 받았다. 감격한 나머지 고이 접어 며칠을 가슴에 품고 다니다가 다시금 판판하게 펴서 스크랩북에 끼워 놓았다. 생전 처음 어머니로부터 받은 편지여서 어린 날 어머니의 젖가슴을 매만지듯 두고두고 볼 참이다. 팔순 나이에 문해 학교에 다니시며 글을 배우고 몽당연필로 꾹꾹 눌러쓴 어머니의 이 편지는 내 나이 쉰 살이 훨씬 넘었어도 마냥 철없는 아들의 손바닥에 새겨 준 어머니의 사랑 편지였다.

큰아들 보거라. 내 이렇게 글을 배우고 글눈이 떠서 세상을
바라보니 참 신기하고 놀랍다. 이 나이에 글을 배워 뭐 하나
싶어 한참을 망설였다. 하지만 마을회관 갈 적마다 깜깜한 밤

길이지만 글을 읽고 쓴다는 것이 마냥 기쁘기만 하구나. 기쁘기만 한 게 아니라 봉사가 눈을 뜬 것처럼 날마다 새롭고 보람 있단다. 아들아, 맏며느리랑 두 손자가 보고 싶다. 글을 잘 쓰려면 아직도 멀었는데 막내딸 같은 선생님이 친절하게 가르쳐 주며 또 잘못 쓴 글자는 일일이 고치고 다듬어 주어서 이렇게 편지를 쓰는 것이란다. 내 걱정일랑 말고 너희 식구 건강하려무나. 사랑한다. 엄마가.

생각할수록 어머니의 이 편지는 내 가슴에 시들지 않는 그리움의 꽃이 되고 있다. 내게는 또 다른 소중한 편지들이 수북하다. 직업이 교도관이다 보니 자주 편지를 주고받는 일상이다. 이십 년도 넘은 꽤 오래전의 일이지만 아직도 기억에 또렷하다. 박 군은 참 순박한 고등학생이었다. 친구 따라 서울까지 왔다가 범죄의 유혹을 뿌리치지 못하고 돌이킬 수 없는 어둠의 나락에 떨어져 몸부림치며 절망의 구렁텅이에서 눈물만 흘리고 있었다. 나는 그에게 꿈을 잃지 말라는 따뜻한 말 한마디와 건강을 염려하며 손을 잡아 주고 등을 감싸 주기도 하였다. 차디찬 손도 맞잡으니 금세 따뜻해지고 어둡기만 한 그의 얼굴에선 이따금 멋쩍은 웃음이 구름 사이 비낀 해처럼 빛났다.

그해 오월 스승의날 무렵, 나는 지상에서 가장 아름다운 카네이션 꽃을 선물 받았다. 봉함엽서를 뜯자마자 붉은색과 파란색 볼펜만으로 그려진 싱싱한 꽃 한 송이가 거기 피어 있었다. '선생님은 제 인생에 도무지 잊을 수 없는 분입니다'라고 쓰여 있었다. 그가 7년이라는 짧지 않은 형기(刑期)를 마치고 출소한 지 얼마 되지 않아 어머니의 회갑을 맞았는데 이름을 밝히지 않고 소박한 축하 꽃바구니를 보냈다. 단박 내가 보낸 줄 알아차렸고 대수롭지 않은 일임에도 생각할수록 고맙다며 잊지 않고 얘기를 하는 바람에 당혹스럽기도 하였지만 작은 정성이 잔잔한 감동으로 추억할 수 있음에 교도관의 보람인 양 자부심이 느껴졌다. 지금까지도 간간이 소식을 전해 주며 건강한 삶을 살고 있음을 확인시켜 주는 박 군은 예전과 다르게 지금은 나를 '형님'으로 깍듯이 부르고 스스럼없이 다가오니 여간 고마운 게 아니다.

김 씨는 참 순박한 사람이다. 그를 알게 된 지도 십수 년이 된 듯하다. 오래전의 일이지만, 동료로부터 한 문제 수용자가 있는데 날 더러 한번 만나서 상담을 해 보라면서 김 씨는 무식하지만 왠지 정(情)이 가서 도와주고 싶다고 하였다. 나를 보자마자 김 씨는 볼멘소리로 억울하고 답답해서 사고라도 치고 싶다는 속내를 드러내었다.

그렇게 그와 첫 만남은 시작되었지만 정작 내가 그를 돕는 것도 제한적이어서 성경책을 주고 억눌린 감정에 켜켜로 쌓인 이야기를 성의 있게 들어 주는 것뿐이었다. 초등학교에 입학하자마자 아버지의 음주 폭력을 견디지 못한 어머니의 가출로 졸지에 고아 아닌 고아로 굴절된 그의 인생은 시작되었다.

짧지 않은 세월, 교도관으로 보람 있었던 일은 특별한 인연으로 만난 수용자들의 고충을 들어 주고 틈틈이 편지를 보내는 일이었다. 그러던 것이 '민들레편지'라는 쪽지를 만들어 장기수들에게 미력하였지만 꿈과 사랑을 심는 일에 무려 15년 동안이나 정성을 쏟았었다. 그들은 고마워했고 답장을 보내오곤 하였다. 그중에 김 씨와는 편지 왕래가 끊이지 않았고 출소 후에도 나를 먼저 찾아왔다. 그날 아침,

정문 밖에서 누가 날 찾는다고 하여 나가 봤더니 그는 계면쩍게 웃으며 나를 반기고 있었다. 그의 손에는 보란 듯이 손때 묻은 성경 한 권이 들려 있었다. 이 모습을 물끄러미 바라보았을 곱게 물든 느티나무 아래서 나는 그의 손을 붙잡고 진심으로 그에게 새 힘과 떳떳하게 살아갈 용기를 달라고 간절히 기도했다. 어쩌면 나는 그에게서 직업적 소명을 다짐하였는지도 모른다. 그러다가 연락이 뜸한 상태였는데 다시 편지를 보내왔지 뭔가. 편지를 읽으며 매우 흐뭇한 마음이 물결쳤다.

> 안녕하세요? 오랜만에 편지를 써 봅니다. 장로님과 사모님을 알고 지낸 지도 13년이나 되는군요. 아무것도 모르고 죄만 짓고 살았습니다. 예전엔 억지로 돈을 벌려고 하다가 교도소를 가곤 했지만 이제는 밥만 먹고 산다고 생각하니 마음이 편하고 봉사까지 하면서 살아가니 너무 좋습니다. 언젠가 집을 방문하여 목욕하고 밥 먹던 일은 참 감사했습니다. 무슨 일 있으면 꼭 연락 주십시오. 가진 것은 몸 하나뿐이지만 성실하게 살겠습니다. 걱정 마십시오.

사실 그에 대한 관심과 사랑은 용기가 필요했다. 김 씨의 자취방에 초등학생 두 아들을 데리고 찾아갔던 일이며, 아내는 선뜻 그를 초대해 밥을 해 주었고 김치까지 싸 주었으니 그 일을 그는 애틋하게 기억하고 고마워했다. 그는 징역을 살면서 중졸 자격 검정고시에 합격하여 배움에 눈을 떴고 지금은 미화원으로 누구보다도 떳떳한 인생의 주인공으로 살고 있다.

김 씨가 지난해 가을에 늦장가를 갔다. 가끔 전화만 해 주어도 연신 감사를 표현하면서 잊지 않고 기억해 주는 것만으로도 큰 힘이 된다는 그였다. 쉰 살도 훨씬 넘은 나이, 비로소 어른이 되었다고 고백하는 김 씨는 군청에서 마련해 준 합동결혼식을 통하여 어엿한 가정을 이루었다. 나는 믿는다. 늦게 핀 꽃이 더 향기롭고 그 열매가 아름답다고. 외로운 사람끼리 만났으니 추운 날이 와도 손을 맞잡고 뜨겁게 살아가길 진심으로 축복하였다.

이렇듯 편지로 인한 애틋한 만남은 이루 헤아릴 수 없이 많다. 잊을 수 없는 또 한 사람, 그는 15년이란 장기형(長期刑)을 사는 동안 내 편지가 큰 즐거움이라면서 짧은 내 편지에도 불구하고 구구절절 진심을 담아 긴 글 답장을 보내오곤 하였다. 그럼에도 그의 편지를 읽을 때마다 내 속은 조바심이 일었는데, 마치 거친 풍랑에 흔들리는 조각배가 연상될 만큼 그에게 남은 수형생활이 순탄하길 바라는 마음 간절했다. 그는 힘을 내세우는 처우 곤란한 사고뭉치 수용자였다.

그의 형기가 종료되어 출소한 지 한 3년이 지났을까, 어린 딸을 데리고 날 찾아왔다. 그리고는 큰 사랑을 베푼 형님이라고 그의 아내에게 날 소개하였고, 형님과의 인연이 남달라서 꼭 출소하면 보란 듯이 잘 사는 모습도 보여 주고 싶었으며 식사라도 한 끼 대접하고 싶은 마음이 진즉부터 있었지만 너무 늦었다며 오히려 미안해하였다. 나는 그의 손을 힘껏 잡아 주며 여간 반가워한 게 아니었다. 아니 반가움보다 솔직한 마음은 무사히 출소하여 새로운 인생을 시작한 그가 그저 고마울 따름이었다.

그녀는 사형수였다. 여자가 도대체 무슨 죄로! 짐짓 뜨악한 선입견에 그녀를 대할 때마다 마음에 묵직한 돌을 하나 품고 있었다. 언제든지 돌을 던질 수 있는, 내 양심과 정의라고 스스로 주장했다. 그럼에도 그의 얼굴을 마주하면 까닭 모를 슬픔이 밀려왔다. 한편 내 간곡한 바람은 제아무리 칠흑 같은 어둠이라도 아침에 비치는 햇살 한 줄기로 깨끗이 물러가듯 그 어떤 절망의 그늘일지언정 단숨에 사라지게 할 수 있다는 믿음이 오롯이 솟아나고 있었다. 정말이지 그녀의 진실한 친구가 되고 싶었다. 얼마 후 그녀는 사형장이 있는 다른 교도소로 훌쩍 옮겨 갔다. 나는 그녀에게 애틋한 마음을 담아 편지를 보내곤 하였다.

해가 바뀌고 그해 여름, 광복절이 지날 무렵 나는 그녀에게서 한 통의 눈물 젖은 편지를 받았다. 그 편지는 내 생애 잊을 수 없는 태양을 품은 편지였다.

……두 볼에 흐르는 눈물이 그치질 않습니다. 아니 닦아 내고 싶지도 않습니다. 지금 이 순간 한없이 그저 울고만 싶습니다. 저 무기형(無期刑)으로 감형되었습니다. 저는 이제 다시 새롭게 태어났습니다. 그동안 기도해 주셔서 고맙습니다. 선생님!

국민의 정부 시절, 그녀는 흔치 않은 사형수 감형의 은전을 받았다. 지난 오월 어느 날, 나는 낯선 한 젊은이의 전화를 받았다. 가족 관계 회복 프로그램 가운데 하나인 '가족 만남의 집'에서 거의 이십 년 만에 어머니와 함께 하룻밤을 지내며 내게 고마운 인사를 전하는 결혼한 그녀의 아들이었다. 이렇듯 무너졌던 가족과의 관계도 회복되고 그녀의 말마따나 이제 '사는 이유'가 달라졌다는 또 다른 고백을 들을 때에 짐짓 사람이 살아가는 목적은 누구에게나 가장 위대하고 존귀한 것임을 각인시켜 주는 듯하였다. 확실히 나는 그녀로 하여금 날마다 새롭게 내 얼굴에 비추는 태양 빛을 다시 생각하게 되었다.

아침이면 어둠을 물리치고 새날을 열어 주는 태양의 신비, 모름지기 새 생명의 시작인 것이다. 깨닫건대 죄는 미워도 사람은 미워해선 안 된다고, 나아가 도무지 사랑할 수 없는 사람을 사랑하라고 — 나에게 비치는 거룩한 빛이었다.

정말이지 나는 내 직업을 통하여 외로울 때 다가가서 벗이 되어 주고 힘들 때 두 손을 뻗어 외로운 가슴들을 덥석 안아 보듬는, 태양을 품은 그런 편지 한 통이 되고 싶다. 꿈을 꾸듯 오늘도 일터에서 느껴지는 지극한 소망이다.

(2012 법무부 교정문예 당선작)

어느 사형수와의 만남

하늘이 푸르다. 여름날은 덥기도 하지만 짙푸른 하늘에 뭉게구름 둥실 떠 있고 가끔은 시원한 바람이 얼굴을 스칠 때, 그 상쾌함이란 이루 말할 수 없다. 올여름은 유난히 더웠다. 한 달 넘게 계속된 찜통더위는 제아무리 더위를 잘 참는 사람이라 하더라도 이 더위 앞에서는 견디기 어려웠으리라.

내가 근무하는 직장은 유난히 덥다. 그렇다고 근무지를 떠나 잠시 휴업할 수도 없는 곳이 내 일터다. 아니 일 년 열두 달 하루 한시도 마음을 놓을 수 없다. 내 직장과 관련된 의미 있는 에피소드가 하나 있다. 내가 다니는 교회의 주일학교 고등부 교사로 아이들 앞에 처음 섰을 때였다. 담당 전도사님은 소개하기를 "최 선생님은 지금 구치소에 근무하는 교도관입니다….."라고 말하자 아이들은 "와, 와……." 소리 지르며 놀라움 섞인 웃음소리를 자아냈다.

그해 아이들이 만든 고등부 회지에 내 프로필에 이런 얘기가 쓰여 있었다. '최 선생님의 직장은 무시무시하다. 하지만 누구보다 우릴 잘 이해해 주신다…….' 사실 나는 이 말에 내 직장에 대한 남다른 자부심을 느꼈고 복음적인 직업의 가치를 새롭게 하였다. 확실히 죄(罪)는 무섭다. 죄는 우리를 넘어지게 하고 결국 죽음으로 이끄는 것이니, 가장 두려운 적(敵)이다. 그런데 아이러니하게도 모든 사람은 죄인이다(롬 3:23). 그리고 그 죗값으로 모든 사람은 죽을 수밖에 없다(롬 5:12). 생각할수록 통탄할 노릇이다.

오늘도 나는 신입 수용자들의 죄명(罪名)을 살펴보았다. 절도, 살인, 강도, 사기, 횡령, 폭력 등 죄명은 자꾸 늘어만 간다. 하루라도 범죄 없는 날이 없다. 왜 그럴까? 답은 간단하다. 모두가 죄인이기 때문이다. 죄인이 죄를 짓게 되는 원리를 성경은 "우리는 다 양 같아서 그릇 행하여 각기 제 길로 갔거늘…(사 53:6)"라고 말씀하고 있다. 분명한 것은 죄의 삯은 사망(롬 6:23)이라는 사실이다.

출근 전 나는 이 기도를 꼭 드리고 있다. 왠지 기도를 드리지 않으면 불안감을 떨칠 수 없는 연약한 믿음이기도 하지만 그보다는 하루의 일과를 기도로 시작하려는 뜻이 크다.

"하나님 아버지, 오늘 하루가 시작되었습니다. 주님께서 나와 함께하시니 나도 주님과 함께 일하게 하옵소서. 주님이 허락하신 이 직장에서 주님의 이름으로 일할 수 있도록 은혜를 베풀어 주옵소서. 나의 마음과 생각, 언행을 지켜 주옵소서. 무엇보다 내 심령에 분노와 증오심을 멀리하게 하옵소서. 공정함과 친절함과 웃음을 잃지 않게 하옵소서. 그리하여 나로 하여 예수를 알게 모르게 증거 하게 하옵소서. 간절히 바라는 것은 전국 교정 시설에 있는 수용자 형제들에게 생명의 복음을 증거 하는 작은 불꽃이 되게 하셔서 교도소마다 푸르고 푸른 그리스도의 계절이 속히 오게 하옵소서……. 아멘."

이 기도를 드리고 나면 알 수 없는 힘이 생긴다. 나는 원래 소심한 성품에다가 인간적인 약점이 많지만 생명의 복음 앞에 더 이상 물러설 수 없는 강한 용기가 솟는 것이다.

교도관에겐 3가지 필수품이 있다. 포승과 호루라기와 수첩이 그것이다. 그러나 나는 하나 더 가진 게 있다. 다름 아닌 포켓 성경이다. 군대 시절 주님의 뜨거운 사랑을 체험하고 빛 되신 그분께 헌신하고자 다짐했던, 주님의 피 묻은 음성이 담긴 생명의 말씀 말이다. 이 말씀이 날마다 가슴에 스며들길 기도한다. 내 심장에서 살아 숨 쉬는 생명의 원동력이 되도록 읽고 또 읽는다. 그렇게 복음을 전하고 싶다. 아니 복음으로 일하고 싶다.

오늘도 나는 다섯 명의 수용자 형제들에게 주님의 복음을 증거 했다. 저들은 순순히 주님을 영접하고 그리스도인 됨을 자랑스럽게 고백하였다. 이제 새로운 삶이 시작되었음을 스스로 감격하고 있었다. 이 복음을 전하고 느끼는 기쁨은 전하는 자만이 알 수 있는 것. 주님은 얼마나 더 기뻐하실까?

교도소는 확실히 복음의 황금 어장이다. 옴짝달싹 못 하는 저 무수한 고기 떼(?). 그럼에도 고기를 잡는 사람이 없다면 무슨 소용인가. 주님 보시기에 모두가 존귀한 영혼인 것을. 나는 먼저 내가 잡을 고기를 고른다. 여기에는 나의 관심과 사랑과 인격이 필요하다. 이 일은 보통 한 주일 정도 걸린다. 하지만 즉석에서 이루어질 때도 있다. 이를테면 내일이라도 다른 교도소로 이송가게 된다면 주저해서는 아니 되기 때문이다.

C라는 사형수가 있었다. 고약한 성품이어서 다른 직원들도 그와의 접촉을 싫어했다. 죽을 놈이 무슨 짓을 못 하겠느냐는 듯 그의 행동거지는 방자하기 이를 데 없었다. 그러던 어느 날 그가 달리 보였다. 한없이 불쌍하게 느껴졌다. 십자가 지신 예수님은 이미 그의 죄를 대속(代贖)했건만…. 망설일 수 없었다. 그에게로 다가가 다짜고짜 사영리(四靈理)를 내밀었다. "이런 책(사영리) 본 적이 있습니까? 저와 십 분만 얘기합시다." 그는 귀찮다는 듯이 나를 힐끗 쳐다보았다. 그 순간 왠지 그의 눈에서 영적인 갈증을 엿볼 수 있었다. 비교적 짧게 사영리를 설명해 주고 영접 기도를 마친 후 그의 손을 부여잡고 간절히 기도드렸다.

"하나님은 당신을 사랑하시며 당신을 위한 놀라운 계획을 가지고 계십니다."

며칠 후 C는 사형장이 있는 기관으로 이송되었다. 나는 C에게 금박 성경과 찬송가를 선물로 주었다. C는 이후 하루가 다르게 적극적인 신앙생활을 시작하였고 내게 자주 편지를 보내왔다. 편지를 읽을 때마다 나는 '복음은 모든 믿는 자에게 구원을 주시는 하나님의 능력'이 됨을 실감하였다.

그 후 3년쯤 지났을까? 성탄절을 앞두고 나는 십자가가 곧추세워진 아름다운 예배당 그림이 있는 성탄 카드를 보냈다. 이 땅에 구주로 오신 예수님의 탄생을 함께 축하하자는 메시지를 담았다. 답장을 기다렸다. 이윽고 답장이 왔다. 그런데 내가 보낸 성탄 카드가 되돌아온 것이다. 반송 사유는 '수취인 부재'였다. 나는 카드를 들고 잠시 눈을 감았다. 감사기도였다. 그는 나보다 먼저 하늘나라에 간 것이다.

나는 나의 직업을 사랑한다. 힘이 들고 고단하고 때로는 외로워지기도 한다. 사회적 존경 같은 것은 바라지도 않는다. 그럼에도 나같이 미천한 자가 주의 복음을 전할 수 있다는 그 이유 하나로 족하다. 나는 더욱 기도하며 일할 것이다. 내게서 미움 대신 사랑으로, 불평 대신 감사함으로, 절망 대신 소망으로, 기쁨이 넘치게 해 달라고…….

(월간 〈낮은울타리〉 1991.05. / 교도관, 영등포구치소 기독신우회장)

30년 동안의 인연

2004년에 15년이었으니 지금은 30년이 넘었다. 인연은 필연으로 여겨지니 '관계'란 말이 더 타당할 듯싶다. 지금도 그는 내게 깍듯한 인사를 하며 '형과 아우'로 자주 맞닥뜨리고 있다. 그렇게 햇수로만 매길 수 없는 너와 나, '우리'가 되었다. 얼마 전 자신의 명함을 찍어 카톡 메시지로 보내왔다. 살펴보니 제법 규모를 갖춘 건축 회사 대표였다. 그가 잘되고 이웃에게 많은 유익과 감동을 주는 기업가로 우뚝 서기를.

그를 생각할수록 어두운 과거가 주마등처럼 떠오른다. 해피 엔딩을 기약하기 어려운 아프고 굴곡진 그때의 이야기가 지금은 오롯이 각별한 '은혜'의 열매가 되었다. 감사할 뿐이다. 그 이야기를 조심스럽게 일간지 〈독자 칼럼〉에 기고했었다.

15년 동안의 인연

아침저녁으로 바람이 찬 요즘 유독 그가 생각난다. 초년 교도관 시절, 그와 만남은 참 운명처럼 느껴진다. 어쩌면 운명이 아닌 은총이란 생각도 든다.

20대 초반인 그는 참 당돌했다. 관규(官規) 따윈 아랑곳하지 않는 용수철 같은 성격으로 수용 생활 중에 빈번하게 마찰을 일으켰다. 급기야 징벌방에 들어가고 말았는데 그와 만남은 거기서부터 시작되었다. 가능하면 나는 그의 얘기를 들어주었다. 왠지 그는 거친 성격에 비해 여린 마음을 곧잘 드러내 보이곤 하였다. 결국 그는 중범이어서 15년 징역형을 받고 지방 교도소로 이감을 갔다. 그의 징역살이는 결코 순탄치 않았다. 교도소를 전전하며 예의 모난 성격을 과시하는 사고뭉치였다. 그 와중에서도 나와는 교제의 끈을 놓지 않았는데 독방에 있을 때 나는 그의 손을 잡고 기도한 적이 있었다. 어차피 사람은 다 불완전한 존재인 까닭에 절망에 빠진 그를 향하여 복음적인 구원을 간구했던 것이다. 나중에 들은 얘기지만 그때 그 기도와 따뜻한 손길을 잊지 못한다고 했다.

그러던 어느 날 중구금 시설인 청송교도소에서 편지가 날라왔다. 편지를 읽어 보고는 또 다른 고민을 안게 되었다. 뜬금없이 내 가족사진 한 장을 보내 달라는 게 아닌가. 망설임이 없지 않았다. 내 단란한 가족사진이 차디찬 독방에 웅크린 그에게 무슨 의미가 있을지 짐짓 뜨악하기만 하였다. 그렇지만 나는 생각 끝에 가족사진을 그에게 보내 주었다.

언젠가부터 그는 나를 형으로 부르고 있다. 사실 수용자와 교도관은 법적으로 냉정한 관계일 수밖에 없다. 그럼에도 나는 인간적인 이 애칭(愛稱)을 차마 거절할 수가 없었다. 그는 그렇게 15년 형을 꼬박 채우고 출소했다. 내게 남긴 것은 수북한 편지 더미였다. 나는 그저 그의 간곡한 편지에 틈틈이 답장하면서 더러 책과 적은 영치금을 보내 준 것뿐이다. 그렇게 몇 년이 흘렀다. 차츰 기억에서 사라질 무렵, 낯선 전화 한 통을 받았다. 다짜고짜 "형님! 접니다…"라고 소리치는데 도무지 누군지 알 수 없었다. 이윽고 내 앞에 나타난 그는 딴사람이었다. 더구나 첫돌이 지난 어린 딸과 부인을 인사시키는데 무척 행복해 보였다. 절망을 넘어 다시금 꿋꿋하게 일어선 그를 보노라니 덩달아 행복해지는 기분이었다. 한편 교도관의 보람이자 큰 기쁨이었다.

10월 28일은 '교정의 날'이다. 안타깝게도 교정의 참뜻을 이해하는 사람들이 많지 않다. 이 기회에 묵묵히 교정 업무에 정성을 쏟는 교도관들의 고충과 교도소에 대한 적극적이고 따뜻한 인식이 확대되기를 바라는 마음 간절하다.

(한겨레신문〈독자칼럼〉/ 2004.10.28./ 최기훈/ 영등포구치소 교도관)

앙증맞은 그 십자가 목걸이

아내는 처녀 때 자주색 바탕에 검은 줄무늬가 있는 투피스 정장을 즐겨 입었다. 멀리서도 그녀가 입은 옷은 무척 우아해 보였다. 더구나 그녀의 목에 걸린 금빛 십자가 목걸이는 반짝이는 눈빛보다 먼저 내 눈에 들어왔다. 그렇다고 내가 황금에 눈이 어두운 건 아니다. 다만 그녀와 십자가 목걸이는 잘 어울린다는 생각이 들었다.

나는 도무지 내 몸에 어떤 장식물 다는 걸 좋아하지 않는다. 아니 피하고 싶다는 게 더 솔직한 마음이다. 제복을 입고 일하는 관리(官吏)이다 보니 명찰과 계급장이며, 가슴에 반짝이는 금속제 흉장을 달고 다니는 일이 여간 거북하게 느껴지는 게 아니다. 하기야 까까머리 중고등학교 시절, 검정 교복에 목을 호크로 채워야 하는 그 억압(?)에서 벗어날 즈음 또다시 군복무로 짙푸른 군복을 입어야 했고 개구리복이라 일컫던 제대복을 받고 좋아하던 것도 잠시였다. 이번엔 평생직장이 되어 버린 교도관으로 그 제복의 틀에서 십여 년 못 벗어난 꼴이니 질릴 만도 하였다. 게다가 머리에 쓰는 제모(制帽)는 얼마나 무거웠던가.

그래서 그랬을까? 결혼 예물로 받은 시계는 고작 일 년도 못 가서 잃어버렸고 반지도 신혼여행 때 잠시 끼워 본 일 외에는 어느 서랍

속에 박혀 무심한 주인을 원망하고 있을 터이다. 그럼에도 나는 몸에 치장하는 장식물만 꺼릴 뿐 이것저것 소품 모으길 좋아한다. 때로 그걸 꺼내 보는 즐거움까지 누리고 있으니 모순 아닌 모순이다. 그중에 하나는 책을 살 때마다 거기 명구(名句)가 새겨진 책갈피는 적지 않은 분량을 모았다.

또 나에게 애지중지하는 십자가 목걸이가 두 개나 있다. 물론 아내 것은 빼고 말이다. 하나는 몇 해 전 극동방송, 〈굿 뉴스〉라는 프로에서 장기수(長期囚)들에게 보내고 있는 내 '민들레편지' 사역이 소개되었는데 담당 피디가 그 프로그램 1주년 기념 파티에 나를 초대했고 진행자인 다일공동체 최일도 목사님이 목에 걸고 있던 통가죽 십자가 목걸이를 벗어 선뜻 내게 걸어 주었던 것이다. 사실 나는 그 프로에 소개되는 걸 한사코 마다했었다. 그럼에도 그냥 뉴스로만 취급한다고 해서 자의 반 타의 반 출연하고 말았다. 그때 받은 이 통가죽 십자가 목걸이를 거실 벽에 걸어 두고 자주 바라보게 되는 것이다.

과연 십자가는 내게 무엇인가? 생각해 보면 낯설지 않은, 오히려 친근하게 느껴지는 사물임이 분명하다. 따지고 보면 모든 십자가는 결코 친숙할 수 없는, 참혹하고 두렵기 조차한 형구(刑具)였다. 그리고 보니 내게 십자가에 얽힌 또 다른 이야기가 생각난다. 오래전 집안에 당숙모가 지병으로 병석에 누워 계셨다. 완고한 성품인지라 가족들도 병 구환에 어려움을 겪었다. 그럼에도 시급한 것은 임종하시기 전에 누구라도 나서서 예수님을 영접시켜야만 했는데 그 일 또한 선뜻 나서기가 쉽지 않았다. 결국 당질인 내가 나섰다.

평생 교회에 한 번도 가 본 적이 없는 분이었고 건강은 날로 나빠지고 있었다. 더구나 장손 집안의 맏며느리여서 유교적 전통이 몸에 밴 그 어른에게 어떻게 예수님을 소개하고 영접시켜야 할지? 큰 고민에 빠졌다. 하지만 이미 믿음이 돈독해지신 다른 당숙모들과 집안 식구들의 기도 지원에 힘입어 나는 담대하게 나섰다. 그때 내게 문득 떠오르는 생각이 있었다. 서랍 한편에 두었던 나무로 만든 작은 십자가(단주)였다. 천주교 신자인 직장 동료가 선물로 준 것이다. 나는 당숙모에게 짧은 시간에 예수 십자가 대속(代贖)의 은혜를 설명하였고 결정적인 순간, 당숙모의 손에 그 십자가를 쥐여 드렸다. 그 후 당숙모는 십자가를 손에서 놓지 않으셨다. "그려. 내가 지은 죄가 많지. 며느리 교회 다닌다고 핍박도 많이 했지…." 하시면서 그 십자가를 가슴에 꼬옥 품고 하늘나라에 가셨다.

오늘 나는 또 다른 십자가 목걸이를 선물로 받았다. 하양, 노랑, 검정 색실로 꼬아 만든 목걸이는 소품이지만 누가 보아도 정성이 담뿍 담긴 작품이었다. 그의 말로는 아무리 손을 빨리 놀려도 하나 만드는 데 족히 서너 시간은 걸린다고 하였다. 그것도 재료가 확보되지 않은 상태에서 수건이며 옷가지에서 일일이 색실을 뽑아 만들었기에 그 목걸이 하나에 쏟는 정성은 며칠 동안 계속되는 것이다. 이 십자가 목걸이를 만든 이는 40대 초반의 수용자였다. 그는 전과만도 수두룩하였고 20년 가깝게 수형생활을 했으니 청소년기를 제외하곤 담 안의 생활이 담 밖 생활보다 더 익숙한 셈이다. 게다가 이번에도 적지 않은 형을 받았으니 징역살이에 이골이 났을 거라는 생각이 들었다. 그런 그가 날 보고 싶다는 전갈이 왔다. 내 딴에는 이 친구가 나에게 무슨 시비(?)를 걸려는 것일까? 하는 의구심이 앞섰지만 나를 찾는다는데 만나 보지 않을 수 없었다.

그는 나를 보더니, 대뜸 선물을 주고 싶어서 날 보자고 했다며 멋쩍게 웃었다. 내 선입견이 얼마나 부끄러웠던지? 사실 그는 직원들에게 요시찰(要視察)이었다. 근무 중 수용자 처우와 관련된 직원들의 약점을 놓치지 않는 그였기에 그럴 만도 하였다.

"최 집사님(크리스천 교도관을 더러 그렇게 부르기도 함), 소문 들어서 잘 알고 있습니다. 우리 같은 징역쟁이들에게 정말 좋은 일을 많이 하신다면서요…. 그래서 제가 큰맘 먹고 선물 하나 준비했습니다."

그러면서 숨긴 보석을 꺼내듯 건네준 것은 앙증맞은 그 십자가 목걸이였다. 가슴이 뭉클했다. 이제 나는 그에 대한 선입견을 바꾸지 않을 수 없었다. 이해하지 않으면 사랑할 수 없듯, 내 사랑이 그가 건네준 십자가에 얽힌 사랑이라면 더욱 그러했다. 알고 보니 그는 틈틈이 그 정성 가득한 십자가 목걸이를 만들어 직원과 동료 수용자들에게 선물하며 알게 모르게 십자가에 담긴 놀라운 구속의 사랑을 전파하고 있었다.

"고마워요. 이 십자가 목걸이 잘 간직할게요. 보면 볼수록 참 앙증맞네요….."

십자가 목걸이를 내 목에 걸고 거울 앞에 서 보았다. 실로 만든 목걸이가 황금 목걸이처럼 빛날 리 없지만 정말 자랑스럽고 소중하게 느껴지는 이유는 무엇일까? 이유는 명료하다. 내 죗값으로 영영 죽었던 목숨에서 용서받고 새 생명을 얻었다는 확실한 증거! 증거는 영원하다. 그러니 이 십자가를 보란 듯 목에 걸고 자랑하며 살 수밖에.

"내가 그리스도와 함께 십자가에 못 박혔나니 그런즉 이제는 내가 사는 것이 아니요 오직 내 안에 그리스도께서 사시는 것이라 이제 내가 육체 가운데 사는 것은 나를 사랑하사 나를 위하여 자기 자신을 버리신 하나님의 아들을 믿는 믿음 안에서 사는 것이라. 갈 2:20."

(1995)

가장
따뜻한 손

간증 에세이

삶에 이르는 병

아내는 냉철하다. 어쩌면 그게 진정한 사랑 표현인지도 모른다. 우스갯소리였지만 언젠가 나에게 '당신은 그다지 책도 많이 읽지 않으면서 한 번 읽은 책은 본전은 뽑는 것 같다'고 하였다. 뜨끔한 칭찬이었다. 무슨 얘기인고 하니 책을 읽고 나서 좀 감동을 받았다 싶으면 자기 혼자만 그 책을 읽은 양, 이 사람 저 사람에게 은근히 자랑하는 꼴이 여간 탐탁하지 않게 보였던 모양이다. 자랑하다 못해 그 책을 사서 선물까지 하면서 하는 말이, '아마 이 책을 읽지 않으면 후회할 것'이라고 이쁜 공갈까지 해 대니, 가히 내 독서 편력은 과장돼 보이기 일쑤다.

근간에 기억하는 책만 해도 《연어》(안도현), 《가시고기》(조창인) 등이 그런 책이었는데 그 내용 또한 복음적인 주제가 드러나 감동 그 이상의 교훈을 주었던 것이다. 특히 나는 《가시고기》란 소설을 읽으면서 몇 번을 울었는데, 속도 모르는 아내는 참 딱한 남자로 여겼을 게 분명하다. 그 후 그 소설이 드라마로 각색되어 텔레비전에서 방영할 때 일부러 나는 두 아들을 불러다 같이 보았고, 작은아들은 그만 소리 내어 엉엉 울고 말았다. 감동 만점, 교훈 만점이었다.

얼마 후 그 《가시고기》는 다시 다큐멘터리 프로그램으로 제작되어 실제 가시고기의 생태까지 볼 수 있었는데, 가시고기를 만드신 하나님의 손길이 너무도 완벽하여 나는 감탄하지 않을 수 없었다. 자식을 위한 아버지의 헌신적인 사랑은 한낱 물고기의 본능에서도 뜨겁게 드러나고 있었다.

'무지하고 오만한 백성이여 저 가시고기에게서 너희를 향한 내 사랑을 배우려무나!'라고 말씀하시는 듯싶었다. 생각해 볼수록 좋은 책이 주는 교훈은 쉬이 얻기 힘든 인생의 자양분이다. 그러기에 성경이 얼마나 위대한 책인지 새삼스럽게 깨닫게 된다. 때로 성경을 읽는 일이 고루하게 느껴지고 더러 고독감마저 드는 이유도 아마 이런 이유에서라는 생각이다. 그래서 나는 다른 책을 읽기 전에 먼저 성경을 읽지만 때로는 일반 도서를 먼저 읽기도 한다. 그때마다 성경의 가치를 재발견하는 것이다.

《삶에 이르는 병》, 이 책을 읽은 지 꽤 오래되었다. 벌써 책 표지가 누렇게 변한 작은 책이다. 제목이 주는 뉘앙스가 독특하기도 했지만 그 책을 읽은 소감은 한마디로 간증 서적이 갖는 한계를 뛰어넘는 고차원적인 은총의 메시지였다. 벌써 30년 전에 대한기독교서회에서 현대신서라는 시리즈 문고판으로 발행된 소책자였다. 지은이는 신학대학 교수였던 故 김정준 박사다. 꽃다운 나이 열아홉에 절망적인 결핵 말기 판정을 받고 죽음을 받아들이지 않을 수 없는 상황이 되고 말았다. 그러나 이대로 무의미하게 내 인생을 마감할 수 없다는 생각에 요양소 생활 가운데 마지막 의미 있는 봉사활동을 하게 되었고,

그 일은 죽어 가는 환우들의 뒤치다꺼리였다. 그런데 봉사활동이, 아니 그 사랑의 헌신이 웬일인지 계속되고 있었다. 놀랍게도 그 자신은 죽어 가는 것이 아니라 회복되고 있었다. 기적이 사실이 되었다.

그 후로 그는 우여곡절을 겪으며 하나님의 놀라운 은혜로 영국 유학을 마치고 돌아와서 후학들에게 진정한 삶의 가치를 몸소 실천하는 신학자로서 여생을 보내게 된다. 지금까지도 그 내용이 새로워지는 것은 우리가 그토록 두려워하는 병은 죽음에 이르게 하는 것이 아니라 영원한 삶에 이르게 하는 은총이라고! 역동적인 메시지로 가슴 뛰게 하였기 때문이다.

내가 K를 안 지는 그리 오래되지 않았다. 30대 초반 젊은 나이에 현대 의학으로는 치유가 어렵다는 불치병에 걸리고, 그래서 사람들은 그와 접촉을 꺼리는 형편이었다. 더구나 향정신성의약품사범으로 수용자 신세가 되어 독거실에 격리되고 보니 그의 고독감은 아마 이루 말할 수 없었을 것이다. 그럼에도 그를 동정했던 것은 순전히 직업적인 아량에 지나지 않았고 사실 나 자신도 그에게 내심 돌을 던지고 있었다. 그러다가 그에 대한 동정을 넘어 이윽고 한 영혼에 대한 애정으로 내 마음에 닿았다.

성경을 선물했다. 그러면서, "무료할 때 성경을 읽어 봐요!"라고 의례적인 인사를 건넸다. 그런데 기다렸다는 듯 즉각적으로 "저도 미션스쿨에 다녔어요."라고 응답하는 게 아닌가. 그 목소리가 어찌나 친근하게 들리던지 나를 잡아끌어 들였다. 그 주말에 나는 더 이상 망설임 없이 그에게 사영리(四靈理)로 주님을 영접시켰다. 그 과정 내내 떠오르는 영상은 바로 그 《삶에 이르는 병》에 나오는 주인공이었다. 그 형제도 그런 은총을 입고 아름다운 인생의 주인공이 될 수 있다는 믿음에서였다. 그의 두 손을 잡고 나는 기쁨으로 감사기도를 드렸다. 그 순간, 분명 나에게 주시는 깨달음의 메시지가 들려왔다.

— 아들아, 모든 사람은 다 원죄(原罪)라는 불치병에 걸렸단다. 그래서 다 죽게 되는 거야. 죽지 않는 사람 보았느냐? 그런데 그 병하고는 아무 관계 없는 분이 일부러 그 불치병에 걸렸단다. 그 병의 고통도 모자라 채찍에 맞고 십자가에 못이 박혀 몸속 피를 다 쏟고 죽으셨단다. 그가 대신 죽어서 그를 믿는 자는 불치병에서 완전히 회복이 되었단다. 그가 누군지 너는 알지 않느냐?

그날은 마침 주일 아침이었다. 쇠창살에 비치는 햇살이 얼마나 따뜻하던지, 그 햇살 속에서 그의 손을 잡고 기도하며 느끼는 행복감이 이루 말할 수 없었다. 아마 교도관이 아니면 맛보기 힘들었을 행복이었다. 또 다른 메시지도 들려왔다.

— 아들아, 너는 교도관이 힘들다고 내게 푸념도 많이 했었지. 언젠가는 다른 데로 가고 싶다고 떼를 쓰기도 했지. 거봐라! 벌써 20년이 훌쩍 가고 이제 10년 남짓 남았어. 내가 보기엔 지난 세월 너는 마구 허비했구나. 남은 시간이 그리 많지 않아. 용기를 내려무나. 오

늘 아침, 무척 기쁘지? 나도 마찬가지야. 사실 내 기쁨은 네 기쁨과
비교할 수 없는 기쁨이란다. 사랑한다. 아들아!

— 주님, 때때로 우리가 겪는 고난과 아픔과 절망 가운데서도
주님을 향한 소망이 넘치는 것은 주님께서 그 길이 되시며
생명으로 인도하시는 주님이심을 믿습니다.
날마다 그 믿음 굳게 하소서.
그 믿음으로 일하게 하소서.

(2003)

가장 따뜻한 손

휴일 출근이었다. 남들은 쉬는 날, 출근하는 보람을 찾지 않으면 아니 되는 날이다. 정월 초하룻날을 일터에서 보내게 된 것이다. 동료들을 대할 때마다 새해 인사로 덕담을 나누었다. 하루 동안 이렇게 많은 사람과 악수를 했어도 싫증 나지 않고 여간 뿌듯한 기분이 드는 게 아니었다.

"새해, 복 많이 받으세요. 건강하세요!"

근무지인 사동(舍棟)에 들어섰다. 전임 근무자로부터 업무 인계를 받고 책상에 엎드려 잠시 기도를 하였다.

— 주님, 감사합니다. 올 한 해도 주님과 함께 일하게 하옵소서. 마주하는 수용자 형제들에게 유익함과 평안함을 끼치게 하시고 무엇보다 나로 하여 알게 모르게 예수를 증거하고 그 사랑을 나누게 하옵소서. 연약하고 부족합니다. 힘과 용기와 지혜를 더하여 주옵소서. 인내와 굳건한 믿음도 날마다 더하여 주옵소서. 오늘 하루도 주께서 인도하시며 도와주실 줄 믿습니다. 우리 주 예수님의 이름으로 기도합니다. 아멘.

자리에서 일어났다. 열 개나 되는 수용 거실을 돌아보기 시작하였다. 일일이 거실 문을 열고 수용자들과 인사를 나누었다.

"새해 복 많이 받으십시오. 건강 잘 지키시고 꼭 역전승하시기 바랍니다."

역전승이란 말은 준비되지 않은 즉흥적인 말이었는데 하고 보니 괜찮다 싶어 계속 그 인사말을 이어 갔다. 지금은 비록 힘들고 고통스러워 패배라는 절망의 시간일지라도 역전승을 하게 되면 놀라운 기쁨을 안겨 주기 마련이다. 정말이지 저들에게도 그러한 기쁨이 찾아오길 진심으로 바라는 순전한 내 마음이었다. 지난해 월드컵 대회에서 우리나라가 강호 이탈리아와 8강전을 할 때 1대 0으로 지고 있다가 종료 2분을 남겨 두고 설기현 선수가 극적인 동점골을 넣었고 연장전에서 안정환 선수가 골든골로 기적 같은 승리를 거두었다. 역전승의 그 감격을 온 국민이 누렸다. 우리나라는 온통 축제의 도가니였다.

거실 인사가 끝나 갈 즈음 고령자 거실에서 칠순의 한 수용자가 내게 덕담을 건넸다.
"마음씨 좋은 교도관님의 새해 인사를 받으니 새해에는 정말 뭔가 잘될 것 같습니다."
졸지에 나는 마음씨 좋은 교도관으로 인정받았다. 그렇다 착한 마음은 교도관의 본질이다. 그 마음으로 일하고 싶다.

저녁 시간이 되었다. 나에게 더 이상 미룰 수 없는 일이 있었다. 1방 독거실에 있는 김정민(32세, 특수강도) 형제에게 그동안 미뤄 왔던 전도였다. 품에서 꺼낸 사영리(四靈理)를 하나 주면서 읽어 내려갔다. 실은 몇 달 전부터 그와 친근해지려고 노력했던 것이고 넌지시 내가 믿는 하나님을 드러내었다. 그랬으니 오늘은 이 사영리라는 소책자로 주님을 확실하게 영접시키고 싶었다. 인간적으로 보면 그는 참 불행한 사람이다. 젊은 나이에 10년 징역형을 받았고 게다가 검거될 당시 총상을 입어 안타깝게도 장애자가 되고 말았다. 그럼에도 그는 심지가 굳은 사람이다. 하기야 남모르는 고민과 갈등은 오죽하겠는가. 그래서 나는 새로운 삶의 의미와 꿈을 줄 수 있는 것은 바로 내가 믿는 주님과 만나는 일이라고 굳게 믿었다. 예수 그리스도 그분이 지신 십자가로 우리의 모든 죄짐을 대신 짊어지셨으므로.

나는 문밖에서 창살을 마주하고 사영리를 천천히 또렷하고 부드럽게 읽어 내려갔다. 중요한 원리는 그가 직접 읽도록 했다. 마침내 그는 영접 기도문을 스스럼없이 읽고 주님을 영접하였다. 기도문이 참 좋다고 하였다. 30분 남짓, 이 시간은 그에게 가장 소중하고 의미 있는 시간이 되었다.

"주 예수님, 나는 주님을 믿고 싶습니다. 십자가에서 죽으심으로 내 죗값을 담당하시니 감사합니다. 지금 나는 내 마음의 문을 열고 예수님을 나의 구주, 나의 하나님으로 영접합니다. 나의 죄를 용서하시고 영생을 주심을 감사합니다. 나를 다스려 주시고, 나를 주님이 원하시는 사람으로 만들어 주옵소서. 예수님의 이름으로 기도합니다. 아멘."

이 순간 내 가슴에 밀려오는 기쁨은 이루 말할 수 없다. 그 기쁨으로 나는 철문 안으로 손을 뻗어 그의 손을 마주 잡고 다시금 감사기도를 올렸다. 그의 손이 무척 따뜻했다. 새해 첫날, 무엇과도 비교할 수 없는 이 기쁨을 주신 그분을 찬양하며, 올 한 해도 이런 기쁨 자주 누리리라. 진정 나보다 만 배로 기뻐하실 그분이 나와 함께하시니.

(2003)

청주로 가는 길

거기 겨울 플라타너스 가로수가 나를 반기고 있었다. 어느 해 청주를 처음 방문하던 때였다. 고속도로를 지나 시내로 들어설 즈음 울창한 플라타너스 잎사귀를 바라보며 나는 그 나무의 그늘을 생각했다. 너른 잎사귀는 얼마나 행복하더냐. 나무는 그렇게 여름마다 꿈을 꾸듯 그늘을 드리웠다. 그러나 지금은 아니다. 빈 가지에 찬 바람이 불고 우듬지에 봄빛이 스며들 날이 멀었다. 세월을 탓하는 것은 아마 낡아지는 육체 때문이리라.

청주(淸州)에 다녀왔다. 청주는 맑고 푸른 고을이다. 나는 한자(漢字) 중에 유난히 좋아하는 몇 글자가 있다. 그 가운데 정(깨끗할 淨)과 청(맑을 淸)이 있다. 내 고향이 충청도(忠淸道)다. 이 지명에 청(淸)이 들어가서 더욱 정감이 생겼는지도 모르겠다. 이미지만큼 그곳은 나에게 여러모로 좋은 느낌을 주고 있다. 감춰진 첫사랑을 기억하듯 말이다.

그녀가 나를 반겼다. 손을 잡아 주며 대뜸 "얼마 만인가요?" 물었다. 망설이다가 꺼낸 첫말이었다. 그녀가 밝은 미소를 보였다. 반가움과 고마움이었으리라. 그녀를 처음 만난 것은 새천년이 되기 훨씬 전이었다. 새천년을 신비스럽게 고대하던 그 시절이었다. 그녀에게는 온통 절망의 그늘이 드리워졌었다. 그늘이 아니라 차라리 어둠이었다. 나는 조심스럽게 그녀와 함께 걸었다. 내가 앞장서 걸을 수 없으니 옆에서 힘없는 그녀의 걸음걸이에 속도를 맞추었다.

그녀를 위해 매주 찾아오는 한 장로님이 계셨다. 아버지처럼 다가오시는 참 따뜻한 어른이었다. 수용자를 대할 때 그분은 도무지 위엄 같은 게 없었다. 그냥 친근했다. 친딸이라도 엄할 땐 엄하고 잘못을 꾸짖어야 어른 노릇인데 그저 처음부터 나중까지 천진한 웃음으로 말없이 안아 줄 뿐이었다. 내 역할은 그녀를 그분에게 안내하는 일이었다. 그사이 한 오십 미터쯤 동행하곤 하였다. 함께 걸으며 나는 말을 하지 않았다. 할 말이 없었다. 다만 그녀를 위해 속마음으로 기도했다. 주님, 이 힘없는 자매에게 살아갈 새 힘과 용기를 주소서, 단순하고 짤막한 기도였다.

헤아려 보니 꼬박 이십삼 년이나 지났다. 그녀도 변했고 나도 변했다. 삼십 대가 예순이 되었으니 그 변화란 가늠할 수 있는 상상 그 이상의 모습이었다. 나보다 몇 살 적은 그녀는 그래도 고운 얼굴이었다. 그녀의 얼굴을 정작 마주 보노라니 안타까운 마음에 서러운 생각까지 들었다. 그렇다고 누구를 탓할 일은 아니었다. 무기수(無期囚)에게 나는 내가 해 줄 말이 없다는 게 야속했다. 그녀와 나는 이 숱한 세월 적지 않게 편지도 나누었다. 그녀는 내 작은 정성에 비해 몇 배나 큰 정성으로 답장을 보내왔다. 해마다 성탄절이면 손수 그린 수묵화에 애틋한 메시지가 담겨 있었다. 그야말로 가슴에 밀려오는 따뜻한 연서(戀書)였다.

헤어질 무렵 다시금 손을 잡고 기도했다. 남은 날을 셈할 수 없어도 변하지 않는 게 믿음이며 사랑은 더 깊어지는 거라고, 기도할 힘이 있을 때 기도하자고 하였다. 또 앞길을 인도해 주시며 건강 지켜 주시길…. 영치금을 넣어 주었다. 적이 사랑 표현이었다. 나는 믿는다.

짙은 구름 위에 해가 빛나고 추운 겨울을 이기는 따뜻한 봄은 반드시 마른 가지에 아름다운 꽃을 피우듯, 모든 죄와 벌 위에 예수님이 팔 벌려 웃고 계시다고.

(2017)

눈송이처럼 너에게 가고 싶다

아침에 일찍 일어나 눈을 치웠더니 기분이 참 상쾌했다. 겨울이라는 계절의 어원은 '겨우 산다'는 뜻이 담겨 있다고 한다. '삶'에 붙은 '겨우'라는 부사가 좀 인색한 느낌이 들긴 하지만 삶의 가치를 그만큼 소중하게 여기라는 꾸밈씨로 받아들인다면 마음이 한결 여유로워진다.

겨울은 뭐니 뭐니 해도 눈이 있어 좋다. 하얗게 눈이 내린 세상은 그야말로 눈꽃 세상이다. 벌써 팔 년째 대처를 떠나 내가 사는 이곳은 산골이나 마찬가지다. 강원도가 가까운 경기도 북쪽, 외룡리라는 마을에서도 산 중턱에 자리 잡았으니 평지보다 기온이 보통 2도 정도 낮다. 눈이 와도 금세 치우지 않으면 얼어붙기 십상이다.

아무튼 겨울이 부담스러운 이곳이다. 그렇지만 나는 추위에 움츠러들면서도 겨울을 즐기기로 했다. 그래야 마음이 넉넉해진다. 내복을 즐겨 입는 것은 물론 두꺼운 외투를 입고 산책에 나서곤 한다. 찬바람 불어도 논둑길을 밟는 기분은 애틋하기만 하다. 가슴까지 텅 비운 빈자(貧者)의 마음이 느껴지는 겨울 벌판이기 때문이다.

편지를 받았다. 새해 받은 첫 편지여서 마음이 설렜다. 노란 국화 위에 눈꽃이 송이송이 떨어지는 풍경을 담은 수묵화였다. 게다가 '눈송이처럼 너에게 가고 싶다'라고, 여린 듯 힘이 느껴지고 특유의 아름다운 휘호가 담겨 있었다. 지난해 말 나는 그녀를 만났다. 지금도 그 여운이 남아 생각나면 기도한다. 생각지도 않게 찾아온 나를 무척 고마워하였다.

새삼 문정희 시인의 〈겨울 사랑〉이란 시를 찾아보았다. 눈의 본질을 느끼게 하면서도 가슴을 따뜻하게 하는 시다. 다시금 읽어 보았다.

눈송이처럼 너에게 가고 싶다/ 머뭇거리지 말고 서성대지 말고 숨기지 말고/ 그냥 네 하얀 생애 속에 뛰어들어/ 따스한 겨울이 되고 싶다/ 천년 백설이 되고 싶다.

이 시구(詩句)를 쓰며 내일을 기약할 수 없는 무기수(無期囚)인 그녀가 느꼈을 마음을 생각해 보았다. 눈송이처럼 자유를 갈망한다고 풀이한다면 그녀를 잘못 이해한 게다. 다만 그녀가 품은 꿈과 사랑이 눈꽃처럼 빛나는 것이라고, 상상해 봄 직하다. 비록 갇힌 몸이지만. 이 겨울에만 바라보고 느낄 수 있는 따뜻한 정경(情景)을 나는 사랑한다. 푸른 솔잎마다 솜이불처럼 하얀 눈으로 푸름을 덮은 따스한 겨울, 겨울은 그 사랑이 빛나는 계절이다.

그녀에게 지난해 말, 서둘러 썼던 편지가 생각난다. 나도 이 '겨울 사랑'을 꿈꾸며 내 마음을 정성스럽게 담았던 것이다.

사랑하는 신애 자매님,

주님 안에서 평안을 빕니다. 지난해 성탄절 다음 날, 마침 비번이어서 청주에 갔었지요. 실은 이십 년 벼르고 별러 간 것입니다. 원체 미루기 좋아하고 물렁물렁한 성품 탓이 컸습니다. 신애 자매님을 만나고, 기뻤습니다. 생각보다 밝은 얼굴이어서 좋았고 반갑게 맞아 주어 더 고마웠습니다. 염려했던 건강도 괜찮아 보였고요. 모든 것이 주님의 은혜였습니다.

참 청주에 다녀와서 제가 즐겨 찾는 사이버 홈피에 '청주로 가는 길'이란 칼럼을 올렸는데 반응이 좋았습니다. 제 나름대로 생각하기엔 꾸밈이 없는 진솔한 글이란 점이 통했을 것 같고 무엇보다 인간적인 애정이 아니라 복음적인 애정이 스며 있기에 그렇다고 봅니다. 사실 청주는 내가 좋아하는 도시이기도 합니다. 아니 지금은 신애 자매가 있기 때문인지도 모르겠습니다.

이제 한 시간 후면 새해가 시작되는 시간입니다. 나는 올해 마지막 편지를 신애 자매에게 쓰고 있습니다. 친필 편지면 더 좋으련만 아무래도 문명의 이기를 이용하는 것도 나쁘지 않다고 생각합니다. 인터넷 서신은 빠른 시간에 전달되는 편리함이 있잖아요. 어쩌면 이 편지가 신애 자매에게 새해, 첫 편지가 될 테니까요. 그래서 좋습니다. 오늘 아침에는 내가 아는 많은 이웃에게 메시지를 보냈습니다.

"참 고맙습니다. 몸과 마음이 건강하여 나로 하여 세상이 따뜻하게 하소서.
사랑하고 축복합니다. 최기훈 올림."

신애 자매에게도 이 메시지를 보냅니다. 하나 더 있습니다. 제가 존경하는 한희철 목사님이 매주 토요일마다 보내 주시는데 허투루 읽을 수 없는 귀한 메시지 가운데 하나입니다.

"주님을 따르는 우리의 마음속에 주님의 발자국이 남게 하소서. 한희철."

그래요. 새해, 신애 자매님과 제 마음속에 주님의 발자국을 남길 수 있도록 힘씁시다. 감사와 기쁨, 순종의 발자국을요.

2017년 12월 31일 깊은 밤
소망의 동산에서 최기훈 씀

(2018)

나는 과연 소금인가, 빛인가?

김 씨는 이제 칠순이 몇 해 남지 않았다. 참 지난한 삶의 주인공이다. 이십 년도 훨씬 넘은 세월, 그와의 인연은 끈끈하고 질기다. 질긴 만큼 순수하고 애틋하다. 내가 교도관이 되었기에 그를 만났고 그는 나와 만남을 큰 선물로 여기는 것 같다. 내가 이따금 전화만 해도 고마움을 그렇게 표현하니 내가 무안해질 정도다. 아무튼 김 씨는 나에게 형처럼 가까워진 벗이다. 입때껏 흐트러짐 없이 사는 그가 고맙고 사랑스럽다.

오래전 그와의 따뜻한 만남을 짧은 칼럼으로 일간신문 〈아침 편시〉에 기고했었다. 오피니언 담당자는 흔쾌히 실어 주었고 내 글을 읽은 독자들로부터 과분한 칭찬을 들었다. 한 독자의 댓글을 잊을 수 없다. 아니 평생의 숙제를 나에게 안겨 준 셈이다. 허투루 살 수 없는 신앙인의 정체성을 명증하게 가르쳐 주었다고나 할까. 쑥스럽지만 한 번 더 다듬어서 그 칼럼 전문을 여기에 옮겼다.

[아침 편지]
쉰도 훨씬 넘은 나이에 늦장가 간 김 씨

김 씨는 참 순박한 사람이다. 그를 알게 된 지도 십수 년이 된 듯하다. "문제수(問題囚)가 있는데 한번 만나서 상담을 해 보라"는 동료의 적극적인 요청이 있었다. 그러면서 "김 씨는 왠지 정(情)이 가서 도와주고 싶다"는 말도 덧붙였다. 그렇게 만났던 김 씨는 나를 보자마자 볼멘소리로 복잡한 심경을 드러냈다. 억울하고 답답해서 사고라도 치고 싶다고 하였다. 그와의 첫 만남이 시작되었지만 정작 내가 그를 돕는 것은 제한적일 수밖에 없었다. 성경책을 주고 억눌린 감정에 켜켜이 쌓인 이야기를 성의 있게 들어 주는 것뿐이었다. 초등학교에 입학하자마자 아버지의 음주와 폭력을 견디지 못한 어머니의 가출로 졸지에 고아 아닌 고아로 굴절된 그의 인생이 시작되었다.

짧지 않은 세월, 교도관으로 보람되었던 일은 특별한 인연으로 만난 수용자들의 고충을 들어 주고 틈틈이 편지를 보내는 일이었다. 그러던 것이 '민들레편지'라는 쪽지를 만들어 미력하지만 장기수들에게 꿈과 사랑을 심는 일에 15년 동안이나 정성을 쏟았었다. 그들은 고마워했고 답장을 보내왔다. 그중에도 김 씨와는 편지 왕래가 끊이지 않았는데, 출소 후에 제일 먼저 나를 찾아왔다. 어쩌면 나는 그에게서 직업적 소명을 깨닫고 다짐했는지도 모른다. 그러다가 연락이 뜸한 상태였다. 그 무렵 다시 편지를 받았다.

"안녕하세요? 오랜만에 편지를 써 봅니다. 장로님과 사모님을 알고 지낸 지도 13년이나 되는군요. 아무것도 모르고 죄만 짓고 살았습니다. 예전엔 억지로 돈을 벌려고 하다가 교도소를 가곤 했지만 이제는 밥만 먹고 산다고 생각하니 마음이 편하고 봉사까지 하면서 살아가니 너무 좋아요. 언젠가 집을 방문하여 목욕하고 밥 먹던 일이 참 감사했습니다. 무슨 일 있으면 꼭 연락 주십시오. 가진 것은 몸 하나뿐이지만 성실하게 살겠습니다. 걱정 마세요."

편지를 읽으며 매우 흐뭇한 마음이 물결쳤다. 사실 그에 대한 관심과 사랑은 용기가 필요했다. 김 씨의 자취방에 초등학생 두 아들을 데리고 찾아갔던 일이며, 아내는 선뜻 그를 초대해 밥을 해 주었고 김치까지 싸 주었다. 그 일을 애틋하게 기억하고 고마워했다. 그는 징역을 살면서 중졸 검정고시에 합격하여 배움에 눈을 떴고 지금은 미화원으로 누구보다도 떳떳한 인생을 살고 있다.

그런 김 씨가 지난달 장가를 갔다. 가끔 전화만 해 주어도 연신 감사를 표현하며 잊지 않고 기억해 주는 것만으로도 큰 힘이 된다는 그였다. 쉰 살도 훨씬 넘은 나이, 비로소 어른이 되었다고 고백하는 김 씨는 군청에서 마련해 준 합동결혼식을 통하여 어엿한 가정을 이루었다. 나는 믿는다. 늦게 핀 꽃이 더 향기롭고 그 열매가 아름답다고. 외로운 사람끼리 만났으니 추운 날이 와도 손을 맞잡고 뜨겁게 살아가길 진심으로 축복하였다.

(최기훈 / 소망교도소 / 2012.10.04. 조선일보 오피니언)

인터넷 판에는 몇 개의 댓글이 달려 있었다. 고맙기 그지없는 과분한 댓글이었다. 그중에서 결코 잊지 못할 두 줄이 소중한 메시지로 여태 가슴에 남아 있다. 나는 과연 소금인가, 빛인가? 여전히 내 가슴을 두드리고 있다. 내 생애 거룩한 숙제다.

"이 세상에 빛과 소금의 역할을 감당하시는 데 조금도 부족함이 없으시군요. 그리스도의 향기가 그윽함을 느낍니다!"

— 김○○ / 2012.10.05. 06:06:52.

(2021)

어느 형제의 감사 습관

김 씨는 내게 참 고마운 사람이다. 나보다 나이가 세 살이나 많은 육십 대 중반의 늙수그레한 그의 모습을 보면 짠한 마음이 들곤 한다. 하지만 내가 보기에 그는 늙지 않고 잘 익어 가는 그런 사람이다. 그는 나에게 깍듯한 존칭을 쓴다. 교회 직분인 '장로'라는 호칭을 그에게서 들을 때마다 나는 스스로 돌아보게 된다. 나도 그를 '형제님'이라는 이인칭대명사로 존중하여 부르고 있다. 이 호칭 가운데 스민 깊은 믿음을 갖게 된 지 어느덧 20년이 넘은 듯하다.

몇 해 전 그가 사는 가평 집에 들렀다가 거실 벽에 붙은 큰 달력을 보는 순간 뜨거운 감동이 밀려왔다. 지나간 날짜마다 아래 여백에 굵은 글씨로 '감사합니다'라고 쓰여 있었다. 하루 일을 마무리하며 그는 그렇게 지나간 하루를 '감사'로 끝마쳤다. 저녁을 먹으러 갔다. 아내도 함께한 자리였다. 그는 오랜만에 소고기를 먹는다며 무척 고마워하였다. 그날따라 소고기가 까닭 없이 비싼 게 아니라는 생각이 들었다. 특별한 맛을 내는 고기였으니까.

흔히 교도소 생활을 하는 수용자들은 받은 형기(刑期)에 대한 나름의 안목이 있기 마련이다. 형기가 짧은 사람은 그리 대수롭지 않게 여길지 몰라도 형기가 많은 장기수(長期囚)들은 매일같이 달력 바라보기가 짐짓 뜨악하다. 그래서 달력에 지나간 하루마다 ×표를 치고 남은 날을 셈하며 내일을 꿈꾸는 것을 종종 볼 수 있다. 그 점에 착안했던 것인가. 20년 전 김 씨는 짧지 않은 수형생활을 마치고 출소하여 자유를 누리는 하루하루를 그렇게 ×표 대신 '감사'로 표시하고 있었다. 소중한 삶의 가치를 부여하는 자기만의 의식인지도 모른다.

나는 그가 한 말을 기억하고 있다.

"사실 내가 가진 것은 배운 것도 없고 몸뚱이 하나밖에 없죠. 무엇보다 몸이 건강하니 감사하고 일할 수 있으니 더 감사하고 잠잘 집이 있으니 더욱 감사하죠."

그는 인간적으로 보면 더없이 불행한 사람이다. 초등학교도 제대로 다니지 못하고 부모로부터 버림받은 떠돌이 인생이었다. 감사의 조건은 도무지 찾으려야 찾을 수 없는 외롭고 고단한 삶이었다. 그런 삶이었기에 분노가 차오르기 일쑤였다. 어쩌면 범법(犯法)이라는 굴레에서 벗어나지 못한 것도 그런 무지와 생존의 문제였다. 그럼에도 그 어둠의 소용돌이 가운데 자각한 배움과 신앙이라는 탈출구는 '거듭남'으로 자신을 일으켰다. 나는 내가 믿는 '하나님'이 그 형제와 더욱 가까이 함께하고 있음을 확신하고 있다. 그래서 그 형제를 생각할수록 감사한 것이다.

이제 나도 그 형제가 감사하는 생활을 본받아야지 하는 마음으로 흉내라도 내고 싶다. 일기장에 꼬박꼬박 '감사함'을 드러내고 있지만 왠지 형식적이라는 생각이 든다. 진정한 감사는 말이나 글보다는 몸이기 때문이다. 오늘은 모처럼 내가 먼저 전화를 걸었다. "날도 더운데 어떻게 지내세요?" 물었다. 그는 단박 "장로님이 기도해 주는 덕분에 건강히 잘 지내구요, 쉬지 않고 일도 잘하고 있어요." 흔쾌한 대답이 돌아왔다. 그러면서 오히려 나를 걱정해 주었다. 건강을 잘 지키라고 말이다. 마지막 인사말은 내 마음을 알기라도 하듯 "걱정 마세요."였다. 어쩌면 이 말은 "나는 주님과 함께 매일매일 '감사'하며 살아요."라는 말로 들려왔다. 그 형제가 오히려 나를 일깨워 주고 있다.

(2020)

하얀 운동화 검정 운동화

그는 왜 이십 년 전 수인(囚人)이었을 때 신었던 그 운동화를 다시 신고 싶어 했을까? 지금 수용자들이 신고 있는 하얀 운동화를 한 켤레 구해 주었으면 좋겠다고, 내게 조심스럽게 부탁했다. 그리 어려운 일은 아니었다. 하기야 수용자들이 신고 있는 운동화가 특정 지어진 건 아니다. 어차피 일반 공장에서 만들어 납품하는 것이다. 단지 끈이 없고 일명 찍찍이로 편리하게 붙이고 떼는 기능이 다를 뿐이다.

내게 운동화에 얽힌 추억은 짠하다. 학창 시절에 신었던 운동화는 검정 운동화였다. 품질과는 상관없이 그때 학생들이 신던 보편적인 패턴이었다. 운동화는 소중했다. 학교까지 자전거를 타고 다녔는데 아무래도 많이 걷는 일상이었다. 그뿐 아니라 젊었으니 한참 뛰고 달리던 때여서 운동화는 쉬이 닳아 해어지기 마련이다. 생각보다 운동화는 금방 낡아졌다. 운동화 앞축이 떨어지고 하얀 양말이 드러날 즈음에야 어머니께 슬그머니 보여 드렸다.

어머니는 이미 알고 계셨다. "그러잖아도 다음 장날 네 운동화 사려고 그랬다. 내일 학교가 끝나면 읍내 가게에 가서 발에 맞는 운동화를 우선 신어라." 말씀하였다. 어머니의 단골 가게였다. 지금도 생생한 '효창고무상회'다. 나는 어머니 말씀대로 가게에 갔지만 선뜻 운동화 얘기를 꺼내지 못하고 주뼛거렸다. 주인아주머니는 내 상황을 단박 알아채고는 "운동화가 떨어져서 왔구나?" 하셨다. 그러면서 신고 있던 내 운동화를 보더니 새 운동화 한 켤레를 건네주며 신어 보라고 하였다. 꼭 맞았다. 선뜻 외상 신발을 내주던 아주머니가 지금 생각해도 고맙기 그지없다. 어머니는 이틀 뒤 콩 한 말을 머리에 이고 가서 '돈 사서' 운동화값을 지불했다.

내 고향 사투리 가운데 참 재미있는 말이 '돈 산다'이다. 그러니까 곡식을 장에 내다 파는 것을 '판다'고 하지 않고 역설적으로 '돈을 산다'고 한 것이다. 반대로 사서 가지고 오는 것은 '판다'고 하였다. 쌀을 사 온 것을 '쌀 팔았다'고 하였다. 언어도 시대적으로 변하는 게 당연하겠지만 그 시절 가난이 밑바닥에 깔렸던 우리나라 시대 상황이었음이 역력하다.

새 운동화 한 켤레를 샀다. 이번에는 제법 이름 있는 운동화다. 웬만하면 하루 만 보 넘게 걸으려고 한다. 걷는 만큼 건강하다. 요즘 걷기를 권장하는 '토스' 앱이 인기다. 하루 오천 보를 걸으면 십 원, 만 보를 걸으면 삼십 원, 또 다른 친구 몇 명을 불러 합산하여 삼만 보를 걸으면 이십 원, 오만 보를 넘게 되면 사십 원을 보태 즉시 백 원이 입금되는 방식이다. 운동하고 돈 벌고 일거양득이다. 한 가지 덤은 백 원이라는 돈의 원시적 가치를 깨닫게 된다는 것이다.

그리고 보니 신발에 관한 아슴푸레 진한 추억이 새록새록 솟아났다. 운동화를 신기 이전에는 검정 고무신이었다. 더러 아버지가 신던 흰 고무신도 신었다. 장맛비가 내리던 어느 여름날 집 앞 개울가에서 고무신을 가지고 뱃놀이를 하다가 그만 신발을 놓치고 말았다. 고무신은 둥둥 떠내려가고 신발을 찾아 개울물을 따라 달려가던 그 세월이 내 인생이었다. 아, 옛날이여!

그 형제에게 새 운동화를 사서 선물로 주었다. 담 안에서 신는 그다지 비싸지 않은 하얀 운동화다. 왜 부끄러운 지난날 아픔이 스민 신발을 다시 신고 싶은가? 묻지 않았다. 그도 쑥스러운지 선뜻 대답하지 않고 있다. 다만 하루하루 새로운 날을 살고 있다고 하였다. 건축 현장에서 날일을 하는 그는 하루가 저물면 달력 날짜 밑에 '감사'라고 써 놓는다고 하였다. 존재의 가치가 '감사'인 그다. 본받아 나도 아로새겨야겠다. 칠순이 가까워지는 그 형제와 내 남은 생애, 모든 발걸음이 복되기를 기도한다.

(2021)

너희가 콩밥을 아느냐

　나는 콩밥을 좋아한다. 이렇게 말하고 나면 누군가 내게 야릇한 미소를 지을지도 모르겠다. 가을날, 하늘은 푸르고 따사로운 햇볕은 모든 이를 넉넉하게 만들어 준다. 황금빛 들녘에서 아버지의 가을 추수를 거들며 논둑길에 앉아 어머니가 광주리에 담아 머리에 이고 온 새참을 먹을 때, 검정콩이나 밤콩을 한 줌 넣고 지은 콩밥은 먹어 본 사람만이 그 맛을 알 수 있다. 입안에서 밥과 콩이 버무려져 씹을수록 달고 고소한 콩밥을 나는 결코 잊을 수 없다.

　그런데도 나는 콩밥을 즐겨 먹지 못하고 있다. 우리 네 식구 중 나 혼자만 콩밥을 좋아하는 꼴이 되고 보니 응당 콩밥을 먹을 기회가 적어지고 있다. 그나마 모처럼 고향 집에라도 가야 어머니께서 손수 지어 주신 그 콩밥 맛을 만끽하게 되는 것이다.

　콩 중에서도 두렁콩이라 일컫는 콩이 있다. 두렁콩은 늦은 봄 모내기를 마치고 무논에서 어린모가 막 뿌리를 내리고 자라 갈 즈음, 토요일이나 일요일 오후쯤 한 날을 잡아 어머니와 나는 논두렁을 돌며 군데군데 곡괭이로 작은 구덩이를 파고 거기 재 한 줌과 밤콩 서너 알을 심었다. 그리고 대여섯 달이 지나면 자주 돌보지 않아도 두렁콩은 따순 햇볕과 알맞은 수분, 아니 그보다는 낮으론 앞산의 뻐꾸기 노랫소리와 저녁으론 쏙독새 울음소릴 들으며 콩깍지 속에서 튼실하게 콩이 여문다. 모든 가을걷이가 끝나갈 무렵 두렁콩을 거두어 마당 구석에 쌓아 놓았다가 막바지 가을볕이 따사로운 날, 콩 동이는 풀어 헤쳐지고 아버지의 도리깨질이 시작된다. 두렁콩은 사정없이 두들겨 맞아도 즐거운 듯 타닥타닥 그 야무진 얼굴을 세상에 자랑스럽게 드러내고 만다. 마당 복판에 수북이 쌓인 두렁콩을 한 되 두 되, 됫박에 쓸어 담는 어머니의 보람을 나는 익히 엿보았던 터다.

콩은 밭에서 나는 쇠고기로 일컬을 만큼 고단백 식품으로 이미 정평이 나 있다. 그럼에도 내가 이렇게 콩을 예찬하는 또 다른 까닭이 있다. 오래전 건강 서적으로 베스트셀러였던 일본인 하루야마 시게오의 저서 《뇌내혁명(腦內革命)》이란 책에선 콩이야말로 유일한(?) 건강 필수 식품으로 강력하게 추천하고 있다. 저자는 일본의 전통 의학과 서양 의학을 겸비한 치료 시스템으로 탁월한 효과를 거두고 있는데 건강을 위하여 매끼마다 콩밥은 물론이고 콩이 함유된 부식을 권장하고 있다. 이를테면 두부나 된장 등이 바로 그것이다.

그 책의 내용 중 일부분을 여기에 소개하면, "콩을 사용한 식품은 아미노산 밸런스가 뛰어나 뇌 내 모르핀의 재료로서 가장 적합하다. 특히 쌀밥과 콩을 곁들이면 쌀에 부족한 아미노산은 콩이 함유하고 있고, 콩에 부족한 아미노산은 쌀이 함유하고 있어 결점을 상호 보완하여 최고의 아미노산 밸런스를 이룬다…"라고 하였다. 물론 아무리 좋은 음식을 먹는다고 해서 다 건강한 사람이 되는 아닐 것이다. 건강에 필수적인 적절한 운동과 절제된 생활 습관이 뒤따르지 않는다면 질병은 예고 없이 찾아오기 마련이다.

이렇듯 나는 콩에 대한 애틋한 추억과 뚜렷한 주관을 갖게 되었다. 그럼에도 내 직업과 관련하여 못내 콩에 대한 오해가 있지 싶어 평소 안타깝기 그지없었다. 그것은 바로 '콩밥'에 대한 잘못된 선입견이다.

원래 '콩밥'이란 은어는 자신의 죄과로 수형생활을 하고 있는 수용자들이 먹는 주식으로 인식되고 있다. 개인적인 판단이긴 하지만 일제시대나 해방 직후 우리나라 수용자들의 급식 형편은 아주 열악했던지라 그나마 모자라는 단백질을 보충하기 위하여 자구책으로 주식에 콩을 섞어 주기 시작한 것이 발단이 된 듯하다. 그리고 출소하는 사람들에게 계란이나 두부를 먹게 하는 이유도 사실은 이 영양 상태와 관련된 절박한 이유에서일 터인데, 요즘은 웬일인지 출소하는 사람으로 하여금 계란과 두부를 발로 으깨는 악습으로 변질된 것 같아 여간 씁쓸한 기분이 드는 게 아니다. 차라리 그런 상서롭지 못한 겉치레보다 사랑과 용서의 표현으로 한동안 뜨겁게 안아 주는 모습이 보기에도 좋다.

얘길 하다 보니 콩밥 이야기가 엉뚱한 방향으로 흐른 감이 있지만, 누가 뭐래도 나는 콩밥을 좋아한다. 더구나 교도관이다 보니 나는 더러 수용자들과 식탁에 마주 앉을 때가 있다. 수용자들의 식생활이 개선되어 '콩밥'이 없어진 지 이미 이십 년도 넘어 한낱 추억거리가 되고 말았지만 나는 점잖게 그들과 벗하며 '너희가 콩밥을 아느냐'고 즐겁게 농담을 하기도 한다.

빛과 빚과 빗

　우리말이 참 신비롭다. 소리는 같아도 뜻이 다른 우리말이다. '빛'을 생각하다가 '빚'이 떠올랐고 가까이에 '빗'이 있었다. 이 글은 '빛'과 '빚'과 '빗'에 대한 특별한 생각을 정리한 것이다. 생각할수록 내면의 소리로 여겨진다. 스스로 일깨우며 가르친 셈이다.

　당대 최고의 미남이었던 한 원로배우의 일상을 우연히 텔레비전 화면에서 보다가 문득 깨달은 게 있었다. 그분은 아침에 일어나면 먼저 거울 앞에 섰다. 물끄러미 얼굴을 보며 엉클어진 머리를 매만지고 '빗'으로 가지런하게 빗었다. 그 모습이 사뭇 경건하게 다가왔다. 오늘이라는 하루는 기적이며 생명인 까닭이다. 그렇게 행동으로 그 진실을 보여 주는 것 같았다. 그분은 배우다. 조연이 아닌 주인공으로 하루를 살겠다는 진정한 연기였다. 먼저 자기 몸을 살피고 그 마음까지 흐트러짐 없이 살아야 한다는 일깨움이었다. 모름지기 허투루 보낼 수 없는 시간의 주인은 바로 나다.

　외출할 때 나에게는 '빗'은 필수품이다. 머리숱이 적은 데다 늘 빛나는 넓은 이마를 드러내고 있다. 게다가 몇 올 남지 않은 머리칼을 가지런히 정리하지 않으면 머리 꼴이 엉망이다. 수시로 남은 머리를 빗어야 그나마 흉한 꼴을 면한다. 내 약점 중의 약점이다. 하긴 가발

을 쓸까 말까 고민은 계속되고 있다. 선뜻 내키지 않는 것은 위장(僞
裝)이라는 선입견이 크게 작용하고 있다. 그럼에도 가발을 쓴 사람
들의 조언은 의외로 긍정적이다. 자존감이 높아진다나? 그 말에 솔
깃하여 고개를 끄덕이지 않을 수 없다. 이런 내 우유부단함은 어쩌
면 내 인생 마지막까지 계속될지도 모르겠다. 어쩌랴! 이 슬픈 자화
상을.

'빚' 지고는 못 산다. 내가 경험한 '빚'은 자초한 것이었다. 내 딴에
는 보람이 있고 가치 있는 일이었다. 아픈 과거를 딛고 다시 일어나
새 출발 하는 한 형제가 도움을 요청하기에 나는 별로 주저하지 않고
순순히 응했다. 쉽게 말해 보증을 섰다. 그는 목돈을 대출받고 적금
을 부어 상환하는 방식이었다. 착실히 갚아 나갔는데 그 일에 다른
한 사람과 더불어 보증인이 된 것이다. 결과적으로 그는 절반도 못
갚고 물러섰다. 보증인의 몫을 남겨 놓았을 뿐이다. 그때부터 졸지
에 빚쟁이가 되고 말았다.

성경은 '사랑의 빚' 외에는 지지 말라고 한다. 사실 이 말씀에 비추
어 보면 나는 사랑만 앞세우고 지혜롭지 못했다. 그럼에도 잠잠히 깨
닫게 된 믿음의 진실은 이웃에게 빚진 자의 심정으로 살아야 한다는
것이다. 하나님의 사랑은 값이 없는 다함없는 사랑이다. 복음을 전
파한다는 뜻도 그렇다. 누군가 내게 생명의 복음을 전해 주었기에 나
는 그 복음에 빚진 자가 된 것이다. 금보다 귀한 깨달음이었다.

"피차 사랑의 빚 외에는 아무에게든지 아무 빚도 지지 말라 남을 사랑하는 자는 율법을 다 이루었느니라. 로마서 13:8."

우리나라 대표적인 기독교 월간지인 '빛과 소금'이라는 잡지가 있다. 언젠가 이 잡지에 예기치 않은 혼란이 일어났다. 제목 때문이었다. 어느 성경적인 식견을 갖춘 분이 문제를 제기했다. 마태복음 5장 산상수훈 가운데 예수님은 '너희는 세상의 소금이니…(마 5:13)'이라 말씀하셨고 바로 다음 구절에 '너희는 세상에 빛이라…(마 5:14)'고 말씀하셨다. 소금이 먼저 나온 까닭이다. 곰곰 생각해 보아도 '소금'이 되어야 '빛'이 되는 원리이다. 급기야 잡지의 제목을 '소금과 빛'으로 바꾸고 말았다. 하지만 얼마 가지 않아 다시 원래의 제목인 '빛과 소금'으로 환원되었다. 내 생각은 아무래도 자연스럽지 못한 어감(語感)에 기인한 것으로 보인다. 그 후론 나도 '빛'이란 말 속에는 '소금'과 분리될 수 없는 복음적인 뜻이 담겨 있다고 되새기지 않을 수 없었다.

그렇다. '빗'이 행실이라면 '빚'은 마음이요 '빛'은 영혼이 아닐까. 빗과 빚과 빛 속에 이런 비밀이 숨어 있을 줄이야. 이 땅에 그리스도인으로 살아가는 마땅한 삶의 태도일 터이다.

"이같이 너희 빛이 사람 앞에 비춰게 하여 그들로 너희 착한 행실을 보고 하늘에 계신 너희 아버지께 영광을 돌리게 하라. 마태복음 5:16."

"그러므로 네 속에 있는 빛이 어둡지 아니한가 보라. 누가복음 11:35."

(장로신문 2022.06.14.)

아니 벌써, 사십 년!

　내게 40년이라는 숫자가 생경하게 다가왔다. 낯익지만 짐짓 뜨악한 친구처럼 말이다. 최근에 나는 묵은 자료들을 정리하다가 파일북에서 유독 눈에 띄었던 통지서를 발견했다. 1981년 5월 30일 자, 총무처 장관이 발행한 '5급 을류 교정직 국가공무원 합격 통지서'였다. 그해 7월 28일 우체부가 배달해 준 전보를 받고 부랴부랴 사진과 서류를 준비하여 영등포구치소를 찾아갔다. 시험을 보고 불과 석 달도 안 되어 법무연수원 교육도 받지 않은 채 곧바로 임용되었다. 7월 30일, 그날부터 교도관이 된 것이다. 그렇게 국영에서 29년 3개월, 민영 소망교도소에서 올해 8월 말이면 10년 9개월이니 더해서 꼬박 40년이다. 돌아보니 내 젊음과 중년을 송두리째 바쳤다. 생각할수록 은총의 세월이었다. 감사하고 감사하다.

　나는 그날 눈물을 흘리고 말았다. 지금은 명칭이 남부구치소로 바뀌었지만 서울시 구로구 고척동에 있는 영등포구치소는 결코 잊지 못하는 일과 삶의 자리였다. 그곳을 떠나오던 날, 청사와 외부 정문 사이에 두 줄로 늘어서서 박수로 앞날을 축복해 주던 동료, 후배들을 보노라니 뜨거운 눈물이 주르르 흘러내렸다. 명예 퇴임 사흘을 앞두고 나는 직원들에게 짧지 않은 석별의 편지를 법무샘 게시판에 올렸다. 제목은 '서른 해, 벅찬 꿈을 꾸었습니다!'였다.

서른 해, 벅찬 꿈을 꾸었습니다!

정문 앞 느티나무 잎사귀에 단풍이 곱게 물들고 있습니다. 이제 곧 한 잎 두 잎 지겠지요. 그 느티나무를 심었다고 하던 부지런하고 자상했던 한 선배가 생각납니다. 직장에서 자신이한 일 중에 느티나무를 심은 일이 가장 기억에 남고 특별한 의미가 있었다고 하였습니다. 그 선배가 퇴직한 지도 벌써 십년이 넘은 듯합니다. 그 선배의 넉넉한 마음씨만큼이나 느티나무는 한 철 푸른 가지를 뻗어 시원한 그늘을 만들고 오가는이들에게 무더위를 식혀 주었습니다.

이제 저도 이십 대에서 오십 대까지 온몸을 바친 정든 이 직장을 떠난다고 생각하니 눈물이 납니다. 사랑하는 부모님의얼굴이 떠오르고 묵묵히 지지해 준 아내와 사랑스러운 두 아들의 얼굴도 그려집니다. 그동안 솔직히 눈물 날 때가 더러있었지만 꾹 참았습니다. 교도관이란 직업이 그리 녹록지 않은 길이기에 내가 품은 꿈과 사랑과는 거리가 멀게 느껴질 때가 많았습니다. 그렇게 두어 번, 근무 현장에서 흐르는 눈물을 주체할 수 없었던 짠한 기억이 새롭습니다. 지금 생각해보니 순전히 자기 연민의 감정에서 흘린 눈물이었습니다. 그러나 지금 흐르는 이 눈물은 감사와 기쁨의 눈물입니다.

이십구 년 삼 개월, 교도관 제복을 처음 입던 날을 기억합니다. 팔십일 년 칠 월 삼십 일, 고향인 충남 태안에서 임용 전보 쪽지를 받고 여름 바지가 없어서 두꺼운 겨울 바지를 입은 채 서울에 올라왔습니다. 첫날 허름한 기동복 한 벌을 받아 입고 임용 신고를 했습니다. 수용 거실에선 왜 그리 역한 냄새가 나던지요. 지금은 그 냄새가 느껴지지 않을뿐더러 그 냄새마저 사랑해야지 하는 마음이 들곤 합니다.

팔십 년 대 초반, 그 시절만 해도 권위보다는 권위주의가 드러나고 본질보다는 비본질이 표면화되었던 시절이었습니다. 교도관의 사명을 스스로 외칠 수 없을 만큼 소심했던지라 동료 크리스천 교도관들과 신우회를 만들어 수용자들에게 복음을 전하고 사랑을 나누는 일은 나로 하여금 교도관의 진정한 꿈을 깨닫게 해 주었습니다. 사실 목회자가 아니더라도 절망에 처한 수용자들에게 다가가 4영리로 복음을 전하고 영접시킬 때마다 그 기쁨은 주님의 기쁨이었기에 말할 수 없는 감사가 넘치곤 하였습니다.

그 후 십 년이 지날 무렵 저는 신우회장이 되어 마침내 전국 교정 기관 신우회를 하나로 묶는 법무부교정연합기독선교회를 결성할 수 있었고 그 사역에 앞장섰던 기억이 퍽 자랑스럽습니다. 또 하나 2005년부터는 두란노아버지학교를 수료하고 교도소아버지학교를 통한 성경적인 남성 회복, 가정 회복이야말로 담장 안 문화를 바꿀 수 있는 '섬김의 운동'으로 순명처럼 여겼기에 그 사역자로 나선 것이 정말이지 긍지를 느낄 만한 보람이었습니다.

개인적으로 오 남매의 맏이였던 저는 교도관이라는 직업을 통하여 미력하나마 동생들의 학업을 뒷바라지할 수 있었으며 무엇보다 사랑하는 짝을 만나 결혼하여 두 아들을 낳아 아름답게 성장하였습니다. 섬기는 교회에선 장로가 되었고 어렵사리 내 집도 장만하여 나름대로 최선을 다한 가장이라는 자부심을 느끼고 있습니다. 이 모든 일에 함께하시며 나를 인도하신 하나님께 더욱 감사드립니다.

돌이켜 보니 유독 기억할 만한 일들이 있습니다. 첫 월급, 십사만 이천 원을 받아 몽땅 고향 모교회에 첫 열매로 헌금했던 일, 대학 공부를 하고 싶어 어렵사리 오 년에 걸친 방송대학과 교육대학원을 마치고 석사 학위를 받은 일, 글쓰기를 좋아하여 교도관의 교양 잡지인 월간 〈교정〉에 투고하여 게재된 글만도 무려 80여 편, TV와 방송에도 출연하였을 뿐만 아니라 다른 일간신문과 잡지 등에도 기고하여 교도관의 따뜻한 이미지를 심고자 많은 정성을 쏟았습니다. 또한 등단(登壇)의 기쁨도 찾아왔습니다.

정작 소중하고 보람 있었던 일은 구십 년부터 십오 년 동안 그리스도의 사랑과 꿈을 심는 민들레편지를 만든 일입니다.

아내와 어린 두 아들과 더불어 무기수를 비롯한 장기수들에게 매월 수백 통씩 풀칠하여 보내던 일은 정말이지 교도관이 되었기에 가능한 일이었습니다. 언젠가 초등학교 5학년이던 작은아들이 학교 선생님 앞에 아빠의 직업을 자랑스럽게 소개하여 담임선생님으로부터 초청받아 어린이들 앞에서 직업 특강을 했던 기억은 지금 생각해도 흐뭇하기만 합니다. 저는 그때 분명히 말했습니다. 직업을 통하여 많은 사람을 도와주고 나아가 감동을 주는 일이라면 소명이라 일컬을 수 있는 참 좋은 직업이라고. 강의가 끝났을 때 많은 어린이들이 박수를 치며 응답했습니다. "저도 교도관이 되고 싶어요."라고 말입니다.

떠나는 이야기가 꽤 길어졌습니다. 마음 같아선 구구절절 사랑하는 후배들을 위하여 글을 더 이어 가고 싶지만 괜한 번거로움인 듯싶어 이만 줄여야겠습니다. 글을 마치려 하니 저의 부끄러웠던 모습들도 시나브로 드러나고 있습니다. 저로 말미암아 더러 아픔과 서운함이 있었다면 그 허물을 너그럽게 용서하여 주시기 바랍니다. 저도 애오라지 사랑의 빚만 가슴에 가득 안고 떠나겠습니다. 끝으로 직원 여러분과 가정에 주님의 크신 은혜와 사랑을 기도하며 복을 빌겠습니다.
사랑합니다!
축복합니다!

"만약 나의 직업이 나를 영화롭게 하지 못한다면 내가 나의
직업을 영화롭게 하리라!" — 토마스 칼라일

2010년 10월 28일
낙엽 지는 날, 정든 직장 영등포구치소를 떠나며
최기훈 올림

* (추신) 이제 저는 여기 소망의 동산, 아가페랜드에서 마무리하게 될 것입니
다. 분명 소망교도소는 복음적인 사역이 이루어지는 믿음의 공동체입니다.
그래야만 합니다. 신실하고 겸손한 지체 노릇, 끝까지 잘 감당하고 싶습니다.

(2021.08.)

40년, 교도관 제복을 벗고 보니

한 형, 참으로 오랜만에 편지를 씁니다.

지금 서울은 가을입니다. 나무들은 푸름을 감추고 울긋불긋 단풍으로 곱게 물들어 잎사귀의 마지막 구실을 다하겠지요. 뉴욕의 날씨는 어떤지 모르겠습니다. 아마도 한 형의 따뜻한 마음만큼이나 미국의 계절도 여백을 찾는 아름다움을 더해 주리라 믿습니다.

그러고 보니 형을 처음 만난 것도 40년 전입니다. 사십 년 세월이 그렇게 빠르게 지났다는 것을 비로소 실감하는 듯합니다. 형과 함께한 시간은 고작 4년 남짓, 형은 결혼하더니 홀연히 미국으로 떠났습니다. 몇 해 동안은 짙은 그리움에 편지와 성탄 카드를 주고받았습니다. 그러던 어느 날 저에게 선뜻 제안했습니다. 영주권이 있고 믿음 좋은 규수가 있으니 미국에 오면 어떻겠느냐? 솔깃하여 제 처지를 생각할 겨를도 없이 훌쩍 미국에 가고 싶었습니다. 솔직히 힘든 교도관 생활에서 벗어나고 싶었던 마음이 컸습니다. 그러나 현실은 녹록하지 않았고 결단할 만한 용기도 부족했습니다.

참, 여기 고척동은 40년 사이 몰라보게 달라졌습니다. 고척동 백번지와 백이 번지, 두 개의 교정 기관이 높은 담장을 마주 보고 서 있어서 그런지 지명조차 하필 고척동(高尺洞)이었지 뭡니까. 두 기관은 벌써 십 년도 훨씬 전에 가까운 지역으로 이전했고 그 자리는 작은 공원과 고층 아파트 숲으로 변했습니다. 흙탕길이던 골목길이 4차선 도로로 넓혀지고 담장 따라 포장마차가 줄지어 있기에, 퇴근할 때 술은 못 하니 튀김과 도넛을 사 먹으며 정담을 나누던 추억의 그 길 말입니다.

저는 그렇게 국영에서 29년 3개월, 민영 교도소에서 11년 7개월 합해서 40년 10개월이나 교도관 제복을 입고 있다가 지난 6월 말에 정년퇴직했습니다. 햇수가 무에 그리 자랑이 되겠습니까만 내 젊음과 열정을 바쳤던 인생의 중심 토막이었습니다. 꽃길일 리 만무했습니다. 아픔으로 눈물 흘리고 갈등과 번민 가운데 연민의 감정을 추스르지 못한 회한의 시간도 많았습니다. 하지만 돌아보건대 지난 시간은 애오라지 은총, 감사, 보람이었습니다.

형은 이제 나보다 두어 살 위니 곧 칠순이 다가오겠네요. 이제는 새삼스럽게 나이를 말하면 짐짓 뜨악한 기분이 듭니다. 저도 어느새 두 아들은 결혼하여 슬하에 손주를 넷이나 거느리게 되었지 뭡니까. 풋풋한 청춘은 사라지고 꽃이 지면 튼실한 열매가 남듯 직업이라는 생계를 넘어 가족의 사랑과 행복이라는 꿈을 이루었습니다.

사실 한 형한테 이러구러 내 모습을 알려 주고 싶었습니다. 그래서 불현듯 편지를 쓰게 된 것입니다. 어쩌면 지난 직장 생활 아니 교도관 생활의 경험과 가치를 잠잠히 말하며 아름다운 마무릴 했노라 드러내고 싶은 순전한 마음일 것입니다. 나를 지켜 준 건 한마디로 긍정의 따뜻한 직업관이었습니다. 모든 직업이 마찬가지겠지만 직업은 생계라는 본질을 부인할 수 없습니다. 여기에 한 가지를 더 얹자는 것입니다. 생계를 넘어 가치 지향적인 따뜻한 마음을 갖고 일했더니 한층 의미와 보람이 컸다고요.

1980년대 초반, 현실은 참 어수선하고 권위주의적인 직장 문화였으며 극한 피로가 점철된 시대였습니다. 근무 환경은 열악하다 못해 쉬이 개선되지 않는 악순환이 계속되었습니다. 그럼에도 견뎌야만 했습니다. 그러던 어느 날 형은 나를 교회당으로 부르더니 피아노 앞에 앉아 찬송가 한 곡을 들려주었습니다. 마음이 몹시 무겁고 힘들 때였습니다. 신앙생활을 하고는 있었지만 내 모습이 무척 초라하게 느껴졌기에 그 찬송은 가슴에 울려 퍼지고 새로운 내 속사람의 얼굴은 찾게 해 주었습니다. 그리고 잠잠히 내가 하는 일의 가치를 발견하게 된 것입니다.

형이 능숙한 연주 실력으로 힘 있게 들려주던 찬송이 다시금 들려오고 있습니다. 하나님이 내게 맡겨 주신 모든 일이 사명(使命)인 것을 깨닫게 하는 우렁찬 메아리였습니다. 확실히 교도관은 가치지향적인 직업입니다. 당시 교도관의 기본 강령으로 기억합니다. 후일 슬그머니 그 어귀(語句)가 사라졌지만 교도관의 직업적 가치를 고양하는 '성직자적 사명감'이란 말이었습니다.

어쩌면 이 편지를 받는 사람은 한 형이지만 지금도 묵묵히 맡은 일에 최선을 다하는 후배 교도관들이 읽을 수 있겠다는 기대를 하며 이 편지를 쓰고 있습니다. 그래서 조금이라도 현실적인 유익이 되고 더욱 고상(高尙)한 직업 가치관을 세우는 데 도움이 되길 바라는 마음이 융숭합니다.

출근이 없는 여백을 즐기는 요즘 읽고 싶었던 책, 《팡세》를 읽고 있습니다. 걸작 고전(古典)입니다. 20대 교도관 초기에 호기 어린 마음에 세계현대문학전집과 세계사상전집을 월부로 사다 놓고 그냥 서가를 차지한 장식품이 되었으니, 누렇게 변한 책들에게 미안한 마음이 컸습니다. 독서는 무료함을 달래는 게 아니라 새로운 꿈을 향한 비상의 날갯짓이 될 수 있기에 애써 책을 가까이하려고 합니다.

"일생에서 가장 중대한 것은 직업의 선택이다. 그런데 우연이 이를 결정한다."

《팡세》 나오는 말입니다. 돌아보니 우연은 필연이었습니다. 확실히 일생에 직업이 갖는 의미는 매우 큽니다. 일을 통해 자신의 존재와 삶의 의미가 부여되기 때문일 것입니다.

또 영국의 유명한 사상가인 토마스 칼라일도 직업관에 대한 분명한 소신을 드러냈습니다.

"만일 내 직업이 나를 영화롭게 하지 못한다면 내가 내 직업을 영화롭게 하리라."

영화(榮華)라는 말 대신 그냥 우리말 '자랑'이라는 명사가 더 설득력이 있을 것 같습니다. 이렇게 말입니다.

"내 직업이 나를 자랑스럽게 하지 못한다면 내가 내 직업을 자랑스럽게 하리라."

어떻습니까? 이렇듯 확실하게 가치지향의 직업이 교도관입니다. 직업의 본질이 생계 지향이긴 하나 게다가 가치를 플러스하면 더 높고 귀하지 않을까요.

사람은 다 불완전합니다. 불완전하기에 연약한 너와 나, 같은 피조물입니다. 완전을 꿈꾸지만 완전할 수 없습니다. 누군가의 도움이 필요한 이웃은 항상 있기 마련입니다. 교도관은 갇힌 이웃을 돌보는 그들의 가장 가까운 벗이라는 생각으로 일했습니다. 그들에게 다가설 수 있는 직업적 특권이 있다고 여기면 좋겠습니다.
"지혜 있는 자는 궁창의 빛과 같이 빛날 것이요 많은 사람을 옳은 데로 돌아오게 한 자는 별과 같이 영원토록 빛나리라. 단 12:3."

교도관이 되었을 때 고향 교회 소꿉친구가 내게 축하 편지 속에 보내 준 성구(聖句)입니다. 그녀도 지금쯤 사랑이 많은 할머니가 되었을 거라는 상상에 흐뭇해지는 밤입니다.

　아직도 두 명의 무기수는 내게 정성 가득한 편지를 보내 주고 있습니다. 출소한 한 사람은 나에게 형님 대우를 깍듯이 해 주고 20년 넘게 좋은 소식을 보내 주고 있습니다. 50대에 늦장가를 가서 떳떳한 일꾼으로 살아가는 그를 보면 교도관이었기에 만날 수 있었던 보람이자 가치의 열매였습니다. 그도 적지 않은 세월 갇힌 몸이었지만 지금은 떳떳하게 자리 잡고 공동체의 일원으로 자기 몫을 다하고 있습니다. 그를 생각할수록 교도관의 뿌듯한 자부심이 느껴집니다.

　한 형, 부디 건강하고 웃음을 잃지 마시기 바랍니다. 한때 형으로 인하여 내 교도관의 길을 탈 없이 늘 감사함으로 마무리하게 된 서울의 아우가 애틋한 마음으로 감사의 편지를 올리게 되어 무척 기쁩니다. 더 세월 가기 전에 만나는 기쁨이 있었으면 좋겠습니다. 사랑하고 축복합니다.

　　　　　　　2022년 가을, 서울에서 교도관 후배 최기훈 올림

새벽,
그 아멘 소리

사역 에세이

소망둥지

꿈을 잃은 영혼들이 여기에 모였습니다

길 잃은 새는 둥지를 찾고
둥지 속 어미는 바로 당신입니다

지극한 어미의 품속에 새 생명이 자라나서
다시금 꿈 찾아 힘차게 날아가는 곳,

소망의 동산은 사랑의 둥지입니다
당신은 바로 그 어미입니다!

(김병용 원작 / 최기훈 정리)

* 소망교도소 정문 벽에 시화(詩畵)로 설치

새벽, 그 아멘 소리

다섯 시, 시린 새벽이었다. 이제는 그가 출소할 시각이다. 특수절
도죄로 4년이라는 짧지 않은 형기(刑期)를 마치고 출소하는 P 형제
를 마주했다. 담담한 표정이었지만 얼굴이 조금은 붉어져 있었다.
나는 몇 가지 기본적인 인적 사항을 확인하고 한마디 더했다. 석별의
순간, 그를 애틋하게 격려해 주고 싶었다.

"끝으로 기도해 주고 싶습니다."
갑작스러운 내 제안에 흔쾌히 대답했다.
"예, 고맙습니다."
그의 손을 잡고 기도하였다.

"하나님 아버지, 이제 P 형제가 새 출발을 합니다. 발걸음을 인도
하여 주옵소서. 원치 않는 어려움이 따르겠지만 꼭 붙잡아 주옵소
서. 순간순간 주님을 의지하고 기도하게 하옵소서. 그리하여 믿음으
로 이기게 하옵소서. 만나는 사람마다 평안을 끼치며 기쁨을 줄 수
있는 하나님의 사람으로 우뚝 서게 하옵소서. 건강한 삶의 주인공으
로 살아가게 하옵소서. 지금 주님의 손을 잡고 나갑니다. 고맙습니
다. 우리 주 예수님의 이름으로 기도합니다. 아멘!"

그의 명중한 '아멘' 소리가 내 마음에도 울려 퍼졌다. 모처럼 새벽에 느끼는 뜨거운 감동이었다. 견고한 철문과 높은 담장을 벗어나 그는 이제 '자유'를 누리게 되었다. 그를 한 번 안아 주고 정문 밖까지 배웅하고 마중 나온 가족에게 인계하였다. 새벽 별이 유난히 반짝이고 있었다. 이 따뜻한 새벽 별빛은 교도관이기에 누릴 수 있는 복이라고 생각하였다. 돌아서는 그를 보며 다시금 기도했다.

"하나님, 소망의 동산에서 P 형제가 그동안 흘린 눈물을 기억하여 주옵소서. 그 눈물이 남은 삶에 방향을 정하고 꿈을 이루는 바탕이 되게 하시고 살아갈 수 있는 뜨거운 에너지로 샘솟게 하옵소서."

그는 일을 잘했다. 동료들과도 모나지 않은 성품으로 정(情)을 나누는 모습이 보기에도 좋았다. 그래 그의 가족과 한 친구가 먼 길을 마다하지 않고 새벽길을 달려온 것이다. 시야에서 사라질 때까지 그를 물끄러미 바라보았다. 부디 발걸음마다 주님께서 은총 내려 주시기를….

보통 수형자들이 형기가 종료되어 출소하는 것을 만기출소라고 한다. 그래서 그들은 교도소에 입소하면 만기일을 손꼽아 기다린다. 수형자 처우에 있어서 기본적인 사항은 우선 죄명과 형기, 가족관계 그리고 형기 종료일 등을 염두에 두기 마련이다. 한편 형(刑)이 많은 무기수나 장기수는 그만큼 이런 형편을 고려하여 처우하게 된다.

또한 제도적으로 수형자들은 가석방 혜택을 받는다. 그래서 저들은 어떻게 하든지 정해진 형기보다 징역을 덜 살고 싶은 것이 가장 큰 꿈이라고 볼 수 있다. 쉽게 말해서 모범적인 수형생활을 하면 그만한 혜택이 주어진다. 여기에는 죄명이나 개별 상황에 따라 정책적으로 적용되는 조건이 있다. 그도 저도 안 되면 결국 받은 형기를 다 마쳐야 한다.

오늘 나무랄 데 없이 잘 지낸 P 형제를 보며 문득 가석방에 대한 개선책이 필요하다는 생각이 들었다. 평소에 수형생활을 지켜보는 교도관이 가석방에 대한 일정 부분 재량을 부여받는 권한 말이다. 남미 어느 나라처럼 형을 집행하는 교정 기관이 평소 수형생활을 평가하여 일정 기간 형기를 가감할 수 있다면 수용 관리에 지대한 도움이 될 것이다. 하긴 지금도 교도관이 가석방에 관여하는 기본적인 시스템이 있긴 하지만 증대시키면 더 좋을 것 같다. 아무튼 출소자를 대할 때마다 이런 특별한 감회에 사로잡히게 되는 것은 아무래도 복음적인 애정이라고 해야겠다.

(2017.12.)

진홍같이 붉을지라도

오랜만에 직원 예배 가운데 설교자로 나섰다. 내가 일하는 직장은 아침마다 일과를 시작하기 전에 경건회를 하는데 목사 신분의 직원들이 주로 설교자로 나선다. 또 교회 장로 직분을 가진 직원과 뜻있는 몇몇 직원들이 강단에서 메시지를 나누고 있다. 내 차례가 되면 고민하지 않을 수 없다. 거룩한 부담이다. 과연 어떤 '말씀'으로 직원들과 은혜를 나눠야 할지?

그럼에도 내 경우는 주로 경험적인 예화를 중심으로 엮어 가고 있다. 그리스도인 교도관의 정체성을 일깨우고 사역의 당위성을 설명하노라면 나도 모르게 확신과 보람을 느끼게 된다. 어쩌면 너를 위한 것이 아니라 나를 위한 말씀이다.

마침맞게 오늘 새벽에 살포시 눈이 내렸다. 하얀 눈을 밟으며 직원들이 출근했을 터이다. 오늘은 교도관이 되었기에 특별히 마음에 닿았던 생명의 말씀이 생각났다. 핵심적인 내용을 정리해 보았다.

진홍같이 붉을지라도

"여호와께서 말씀하시되 오라 우리가 서로 변론하자 너희의 죄가 주홍 같을지라도 눈과 같이 희어질 것이요 진홍같이 붉을지라도 양털같이 희게 되리라. 사 1:18."

이사야서는 B.C740~680년경에 기록된 말씀으로 성경 전체가 66권이듯 공교롭게도 66장으로 이루어진 구약의 복음서입니다. 이 점은 매우 특별합니다.

저에게는 교도관이 되었기에 누릴 수 있었던 크나큰 은총이 있습니다. 어쩌면 이 은총을 깨달은 것만으로도 교도관이라는 직업의 영적인 자부심을 갖게 됩니다. 그것은 어떤 형벌로도 죄는 용서되지 않는다는 것입니다. 제가 구치소에 근무할 적에 출정과에 네 번 정도 근무했습니다. 출정(出廷) 업무 가운데 수많은 재판을 보았습니다. 검사가 공소장에 드러난 범죄 내용을 확인하며 판사는 다시 보충 신문과 변호사의 반대 신문을 통하여 재판을 마무리하고 검사의 의견을 묻습니다. 이름하여 구형(求刑)입니다. 그리고 판사는 마지막으로 하고 싶은 말(최후 진술)을 듣고 다음 기일에 정해진 형량(刑量)을 선고(宣告)하게 됩니다.

저는 그때마다 의문이 들었던 것은 해당 범죄로 선고받은 징역 몇 년을 피고인이 다 살았다고 해서 그 죄가 없어지는가? 하는 문제입니다. 심지어 사형이나 무기징역이라는 중형을 받았어도 결코 그 죄는 없어지지 않습니다. 용서되지 않는다는 뜻입니다. 다만 마땅한 형벌로써만 집행될 뿐입니다.

히브리서 9:22에 보면 "율법에 의하면 거의 모든 것이 다 피로써 깨끗하게 되며 피 흘림이 없으면 죄의 용서도 없습니다."라고 기록되어 있습니다. 그렇기 때문에 복음은 달리 복음이 아닙니다. 예수, 그분이 십자가로 이루신 진리의 핵심은 예수님이 모든 사람의 죗값으로 죽으셨다는 것입니다. 절대적인 은혜와 사랑입니다. 용서입니다. 누구든지 그를 믿기만 하면 영원한 생명을 얻고 하나님의 자녀가 되는 것입니다. 이 진리를 전파해야 하는 사명이 우리에게 있습니다. 저는 믿습니다.

예수님이 이 땅에 오셔서 모든 죄를 대신하여 십자가를 지고 모든 피를 다 흘리시고 죽으셨다가 사흘 만에 부활하셨습니다. 누구든지 그를 믿기만 하면 죄 사함을 받고 구원이라는 영생의 복을 누릴 수 있습니다. 이 진리를 매일매일 순간순간 깨닫는 것만으로도 교도관이 누리는 크나큰 은총인 것입니다.

기도하겠습니다.

"우리 주 하나님 아버지, 우리의 모든 죄를 대신하여 십자가에서 피 흘려 죽으시고 사흘 만에 부활하셔서 우리에게 영원한 생명의 구주가 되심을 믿습니다. 우리가 이 믿음으로 일하게 하옵소서. 이 믿음으로 힘써 구주 예수님을 증거하고 그 사랑을 나누며 일하게 하옵소서. 그리하여 여기 소망의 동산이 참으로 주님이 기뻐하시는 질서와 섬김의 거룩한 공동체가 되게 하옵소서. 우리 주 예수님의 이름으로 기도합니다. 아멘."

(2020.02.)

담 안에 퍼진 눈물꽃 향기

지난겨울은 내 생애 참 지독한 추위를 느낀 계절이었다. 유달리 추위에 약한 터라 마음고생까지 더해져 혹독한 겨울나기를 한 셈이다. 계절은 어느새 나무마다 짙푸른 잎사귀를 드리워 시원한 그늘을 만들었다. 문득 나에게도 그늘을 펼쳐 주는 나무처럼 푸르고 푸른 꿈이 오롯이 돋아나고 있음을 잠잠히 되새기지 않을 수 없다.

작년 말, 우리나라 최초의 민영 교도소인 소망교도소가 개소되었다. 소망교도소는 기존 교도소와는 사뭇 다르게 민영이라는 장점을 살려 교도소 고유의 기능을 수행하되 설립 정신을 바탕으로 차별화된 교화 프로그램과 처우 방식을 택했다. 나 역시도 이러한 적극적인 동기부여 속에 서른 해 가까이 정들었던 직장을 떠나 선뜻 소망교도소의 개척자로 나섰던 것인데, 녹록하지 않은 현실이 기다리고 있었다. 민영 교도소라고 해서 엄정한 법 집행을 느슨하게 할 수 없는 일이었다. 반면 형벌만이 능사는 아니기에 교화적인 업무 또한 소홀히 할 수 없는 것이다.

이제 불과 6개월 남짓, 짧은 기간이지만 소망교도소에서는 많은 교육이 운용되고 있다. 그 가운데 두 차례 진행된 아버지학교를 통하여 뜨거운 감동을 자아냈다. K 군은 인내심이 부족하고 불만을 감정

적으로 드러내는 급한 성격의 소유자였다. 이해할 수 있는 일도 쉽게
이해하려 들지 않았다. 급기야 동료와의 다툼 끝에 징벌 처분까지 받
은 상태였고 아무튼 문제 수용자였다. 그런데 그가 무너진 것도 이
아버지학교를 통해서였다. 마지막 날 직원들이 수용자들의 발을 씻
어 주는 예식이 있었는데 하필이면 그를 탐탁지 않게 여기던 젊은 직
원이 그를 담당했다. 무릎 꿇고 거친 발을 천천히 씻어 주고는 새 양
말도 신겨 주었다. 결국 둘은 끌어안고 뜨거운 울음을 토해 내고 말
았다.

   Y 군은 스물 몇 살, 앳된 용모와 조용하고 섬세한 성품을 지니고
있었다. 일탈하게 된 것도 어쩌면 가정적인 요인보다 피치 못할 다른
환경적 요인이 컸을 거라는 동정적인 생각이 들 정도였다. 아무튼 수
용자라는 신분이 참 어색한 갸름한 얼굴이었다. 그렇지만 범죄는 어
떤 형태로든 미화되어서는 아니 된다. 그런 까닭에 교정 현장에 있는
직원들은 하루에 몇 번씩 이런 역동적인 감정의 소용돌이 속에서 일
하고 있다.

   Y 군도 이 아버지학교를 통하여 성숙한 남성으로 거듭나고 신실한
아버지가 되려는 아름다운 꿈을 갖게 되었다. 수료 후 진행된 가족
만남의 날이었다. Y 군은 자청해서 어머니의 발을 씻겨 드리게 되었
는데 보는 이도 아랑곳하지 않고 펑펑 울고 말았다. 어머니의 눈물
어린 기도 속에 분명 그가 다시 태어난 것이다.

소망의 동산에 퍼진 눈물꽃 향기는 그렇게 진했다.

이 향기 날마다 끊임없이 퍼져 갈 수 있기를…….

(월간 〈행복한 동행〉, 2011.05.)

'화해'라는 사랑의 열매

　교도소에서 중요한 일 가운데 하나는 수용자들을 적정하게 분리 수용하는 일이다. 성별과 나이, 죄명이나 성격 등에 따라 원만한 수용 생활이 이루어지도록 규정에 따라 분류하는 일을 배방(配房)이라고 하는데 담당자는 사전에 수용자의 일반적인 정보도 중요하지만 수용자 상호 간에 반목 관계가 없는지 살피는 일도 매우 중요하다.

　김 씨와 이 씨는 한 교도소에 수용되어 있었다. 나이가 훨씬 많은 김 씨는 내향적인 성격에다가 자살 미수 경력까지 있어서 관심 대상자였고 공동생활에 잘 적응하지 못했다. 반면 이 씨는 활달한 성격이었지만 급한 성격으로 동료들과 곧잘 마찰을 빚었다. 김 씨와 이 씨는 갈등 관계에 있다가 어느 날 급기야 격한 몸싸움이 벌어졌고 김 씨는 코뼈가 함몰되는 중상을 입고 말았다. 이후 원만하게 합의도 이루어지지 못하고 이 씨는 추가로 벌을 받았으며 김 씨 또한 다른 교도소로 옮겨 생활하고 있었는데 공교롭게도 둘 다 소망교도소에 가겠다고 지원하여 맞닥뜨리는 상황이 되고 만 것이다.

　나중에야 이런 내막을 알게 되어 늦게라도 화해를 시켜 주려고 담당 직원은 상담을 하였는데 웬걸 이미 서로 미운 감정을 풀고 화해했다는 희소식을 저들로부터 직접 듣게 된 것이다. 기우였다. 알고 보니 자신들이 소망교도소에 지원하게 된 동기도 새사람이 되겠다는 스스로의 다짐과 더불어 미운 감정을 품고 가면 아무래도 부적격자로 판정될까 봐 마음의 준비를 해 온 터였다. 원수는 외나무다리에서 만났지만 누가 먼저랄 것도 없이 짧은 만남에 서로가 용서하고 화해한 것이다.

소망교도소는 지금 이런 화해의 분위기를 중점적으로 만들어 가고 있다. 모든 교육 프로그램에 설정된 큰 주제는 사랑과 화해와 나눔이라는 이념을 표방하고 있다. 수용자들의 생활 속에 이런 모토(母土)가 형성되어 질서와 섬김의 공동체로 성숙해질 때 온전한 교화가 이뤄질 것이다. 이 기회에 소망교도소의 교육 교화 체계를 간략히 소개하면 네 가지 영역으로 분류할 수 있다. 먼저 하나님과의 화해를 통하여 자신과의 화해, 가족과의 화해, 사회와의 화해로 완전한 화해를 이루어 단절된 관계와 갈등 구조를 극복하여 새사람으로 변화하는 데 목적을 두고 각 양 교육이 이루어지고 있다. 여기에는 전문 강사들이 참여하기도 하지만 자발적인 봉사자들이 한걸음에 달려와 사랑으로 저들을 극진히 섬기고 있다.

이 시대, 이 땅에서 모든 사람이 하지 않으면 아니 되는 가장 중요한 숙제가 무엇일까? 그것은 바로 '화해'다. 이 명제는 교도관의 중요한 사명이 되고 있다. 필자가 수년 전 '아버지학교'라는 가정 치유 프로그램을 통하여 깨달은 가장 큰 유익도 이 화해였다. 아내와 두 아들을 거느린 가장이었지만 화해라는 내면의 사랑 표현이 매우 서툴렀다. 가족 사랑은 겉으로 드러난 관계보다 내면의 사랑이 더 중요하다. 이 사랑은 오로지 끊임없는 화해로써 가능한 일이다.

내 경우에도 이 화해의 극적인 순간을 잊을 수 없다. 아버지학교 수료식 날, 아내의 거친 발을 매만지며 씻어 주고 뜨거운 눈물을 흘렸다. 큰애가 입대할 때 파송 예배를 드리고 역시 아들의 발을 씻어 주고 못난 아비의 허물을 비로소 말했다. 나아가 내 성장기에 불만의식이 앙금처럼 남아 있었기에 늙으신 아버지를 찾아뵙고 용기를 내어 "아버지! 사랑합니다."라고 고백했다. 그리고 아버지를 꼬옥 안아 드렸던 큰 감동을 잊을 수 없다. 아버지 몸이 왜 그리도 왜소하게 느껴지던지, 아버지를 품에 안은 채 끄억끄억 소리 내어 울고 말았다.

화해라는 뜻이 담긴 순우리말은 '흐름'이라고 생각한다. 흐르지 않는 물은 썩는다. 마찬가지로 사랑이라고 하는 것은 나에게서 너에게로 흐르는 '화해의 강물'이 되어야 한다. 그래야 물가에 심은 나무가 뿌리를 뻗어 튼실하게 자라 사랑이라는 꽃이 피고 아름다운 열매를 맺는 것처럼 우리네 삶이 풍성해지는 게 아닐까.

(월간 〈아버지〉 2011.06.)

"저기 무지개 떴네요!"

언약의 무지개였다. 무지개를 보면 마음이 설렌다. 무지개는 신기하다. 신기한 게 아니라 신비롭다. 이천이십일 년 팔 월 육 일 금요일 오후 네 시 삼십 분쯤이었다. 여기 경기도 여주시 북내면 외룡리 산자락 파란 하늘에 흰 구름이 떠 있는데도 빗줄기가 드셌다. 요란한 소리와 함께 퍼붓듯 내린 소나기였다. 그 순간 두려움을 느낄 만큼 마음이 두근거렸다. 하지만 언뜻 비 그치면 무지개가 뜰지 모르겠다는 생각이 들었다. 아니나 다를까.

오후 다섯 시 조금 넘어 정문을 나서는데 외부 정문 하늘에 무지개가 떠 있었다. 한 동료가 "저기 무지개 떴네요!" 소리쳤다. 양쪽 끝자락이 가려져 온전한 아치 모양은 아니었지만 선명한 일곱 색깔 무지개였다. 손전화기를 꺼내 사진을 찍었다. 그리고 보니 소망의 동산에 무지개가 뜬 것은 이번이 처음은 아니다. 몇 년 전에도 무지개가 떴다. 언약의 그 무지개 말이다. 무지개는 앞으로도 계속 뜰 것이다. 무지개는 변치 않은 믿음과도 같다.

문득 윌리엄 워즈워스의 시가 떠올랐다. 워즈워스는 영국의 유명한 낭만파 시인으로 뛰어난 시인에게 왕실이 내리는 계관시인이었다. 시어(詩語)마다 창조주의 감동이 스며 있다. 〈하늘의 무지개를 볼 때마다〉가 그 제목이다.

> 하늘의 무지개를 볼 때마다/ 내 가슴 설레느니,/ 나 어린 시절
> 에도 그러했고/ 다 자란 오늘에도 매한가지,/ 쉰 예순에도 그
> 렇지 못하다면/ 차라리 죽음이 나으리라/ 어린이는 어른의 아
> 버지/ 바라노니 나의 하루하루가/ 자연의 믿음에 매어지고자

  소망교도소 하늘에 무지개가 뜬 것은 예사로운 일이 아니다. 무지
개는 은총이다. 성경에 나오는 무지개를 생각해 보자. 창조는 기독
교의 핵심 교리이다. 흙으로 사람을 빚으시고 하나님의 형상 가운데
코에 생기를 불어 생령(生靈)의 사람을 만드신 창조주 하나님을 우리
는 믿는다. 그분이 바로 우리의 주님이시다. 그래서 모든 피조물보
다 사람은 존귀하다.

  애초에 사람은 죄와 무관한 하나님 보시기에 아름다운 피조물이었
지만, 최초의 사람은 죄를 범했다. 원죄(原罪)였다. 창조주 하나님
을 거역한 불순종이 죄였다. 사람은 번성했지만 번성한 만큼 그 죄가
만연했다. 사람 지으신 것을 한탄하신 하나님은 마침내 홍수로 멸하
셨다. 그러나 노아라는 순종하는 의인, 하나님의 사람을 통하여 '구
원의 방주'를 예비하셨다. 살길을 열어 주신 것이다. 그리고 언약의
무지개를 보여 주셨다. 무지개는 구약시대 무지개만이 아니다.

  이 무지개는 지금 이 땅에 하나님의 뜻으로 세워진 소망교도소라는

이름의 생명나무 공동체 위에 떠 있는 언약의 무지개다. 나는 이 진리를 믿는다. 앞으로도 날마다 때마다 더욱 찬연한 하나님의 무지개를 바라보며 살아가길 기도한다. 이 무지개는 죄인을 구원하시는 십자가 부활의 복음이다. 오늘 아침에도 내 기도는 다르지 않았다.

소망공동체를 인도하여 주시고 도와주소서. 세우신 일꾼들을 통하여 주님의 기쁨이 되는 사역들이 알차게 이루어지게 하소서. 일꾼들에게 분별하는 지혜를 더하시고 무엇보다 온유하고 겸손한 예수님의 성품을 본받게 하소서. 바라기는 우리 소에 평안의 복을 내리시고 부족함이 없도록 채워 주소서. 밤에는 불기둥, 낮에는 구름 기둥으로 인도하소서. 소망공동체가 이 언약의 무지개로 말미암아 죄로 인하여 죽었던 영육들이 다시 사는 부활의 기쁨이 가득한 동산이 되게 하소서.

"내가 내 무지개를 구름 속에 두었나니 이것이 나와 세상 사이의 언약의 증거니라. 창 9:13."

(2021.08.)

이름을 불러 줄 때

아버지는 내 이름을 자주 부르지 않았다. 어김없이 새벽에 일어나시면 쇠죽을 끓여 놓고 논배미 서너 곳을 둘러보았다. 그치지 않고 논둑에 무성한 풀을 베어 외양간 앞에 한 짐 쇠꼴 지게를 바쳐 놓으셨다. 나는 그때까지 깊은 잠에 빠져 있었다. 이윽고 아버지가 나를 불렀다. "기훈아, 여태 자니?" 아버지의 목소리에 깊은 한숨과 지극한 애정이 스며 있었다.

잠을 깨우는 아버지의 목소리를 다시 듣고 싶어도 이제는 들을 수 없다. 생각할수록 그리운 아버지다. 동네 어른들은 아버지 앞에 맏이인 내 이름을 꼭 넣어 불렀다. '기훈이 아버지!'라고. 하긴 집집마다 그집 큰애 이름을 어른 이름 앞에 붙이는 게 고유명사처럼 된 것이다. 내 이름은 그렇게 퍼져 나갔다. 참 소중한 이름이다. 내 휴대폰에는 고향 집 어머니의 전화번호가 입력되어 있다. 그런데 어머니로 표시하지 않았고 그냥 어머니의 성함을 썼다. 함정완(咸鋌梡)이라고. 그렇게라도 어머니의 이름을 기억하고 싶은 아들의 진정한 마음일 터다.

아내는 이따금 반색하며 내 이름을 부른다. 흔치 않은 일이지만 진지한 표정이다. 생각해 보니 중요한 말을 꺼낼 때, 또 내 허물을 발견하고 정중히 지적할 때 쓰는 어투다. 최기훈 씨! 아내가 이렇게 부르면 나는 사뭇 긴장하지 않을 수 없다. 이름에는 내 얼굴과 마음과 행동이 스몄기 때문이다.

아주 친근한 직장 선배가 있었다. 술 좋아하는 그 선배의 억양은 참 부드럽고 따뜻했다. 더구나 그는 나를 부를 때 직급에 따르는 보편적인 호칭을 쓰지 않았다. 그냥 내 이름을 다정하게 불렀다. 나는 그의 그런 '부름'이 왠지 좋았다. 투박한 제복 관료제 가운데 인간적인 따뜻함을 내내 잊지 못하는 것이다. 술을 못 하는 나였지만 그 선배에게만큼은 '네, 형님'이라고 맞장구치며 술 한잔 사 주고 싶었다. 애정을 담아 부르는 이름 속에 그의 따뜻한 인품이 느껴졌다.

지금 내가 일하는 직장은 참 특별한 직장 공동체다. 벌써 십 년 세월이 훌쩍 지났다. 입사 당시 기의 결혼하지 않았던 청년들이 이제 식솔을 거느린 어엿한 가장(家長)이 되었다. 나는 틈틈이 자녀의 이름을 묻고 기억하기 시작하였다. 내가 기억하는 예쁜 그 이름들을 불러 본다. 수현, 도현, 시영, 시은, 민성, 수진, 준혁, 준호, 강준, 강윤, 이든, 이엘, 가온, 나온, 인서, 아인, 하율, 온서, 선윤, 나윤, 동건, 로은, 재하 그리고 우리 손주 시은, 라은, 건, 이현······.

형기가 종료되어 출소하는 어느 수용자에게 물었다. "소망교도소에서 가장 좋은 기억이 있다면 무엇인가요?" 잠깐 생각하는 듯하더니 서슴지 않고 대답했다. "예, 번호 대신 이름을 불러 주어서 고마웠습니다." 부연해서 한마디 더했다. "사람대접을 받는 것 같아서 정말 고마웠습니다." 이름을 불러 주는 것이 이렇게 짙은 감동을 줄 줄이야. 하긴 현행 법규는 수용자의 번호를 부르는 것이 원칙이다. 하지만 이름을 불러도 어긋나지 않는 여백처럼 느껴지는 넉넉한 규정도 있다.

자주 이름을 불러 줘야겠다. 이왕이면 이름 앞에 애틋한 수식어를 붙여 보자. '사랑하는 ㄱㄴㄷ 씨!'로 부르면 그 마음까지 바투 다가온다. 가늘면서 쉰 소리가 나는 내 말씨 흉내를 잘 내는 직원이 있다. 그와 함께한 지도 십 년이 넘었으니 그는 내 표정과 말투며 속속들이 꿰뚫어 본다. 그가 사랑스럽다. 그의 익살은 가히 수준급이다. 어쩌면 우리 조직에서 그의 익살스러운 재담이 윤활유 역할을 하고 있다는 생각도 든다. "아니, ㄱㄷ 씨는 자신이 우리 직장에서 제일 소중한 사람인 줄 아는가 모르겠네?"

김춘수 시인의 〈꽃〉이라는 시는 달리 명시가 아니다.

"내가 그의 이름을 불러주기 전에는/ 그는 다만/ 하나의 몸짓에 지나지 않았다// 내가 그의 이름을 불러주었을 때/ 그는 나에게로 와서/ 꽃이 되었다// 내가 그의 이름을 불러준 것처럼/ 나의 이 빛깔과 향기에 알맞은/ 누가 나의 이름을 불러다오/ 그에게로 가서 나도/ 그의 꽃이 되고 싶다// 우리들은 모두/ 무엇이 되고 싶다/ 너는 나에게 나는 너에게/ 잊혀지지 않는 하나의 눈짓이 되고 싶다"

(월간 〈교정〉 2022.08.)

내가 좋아하는 사람

　내가 좋아하는 사람이 있다. 이렇게 말하면 나는 참 이기적인 사람이다. 그럼에도 어쩌랴. 좋아하는 사람이 있기 마련인 것을.

　내가 좋아하는 사람은 순수한 사람이다. '순수(純粹)'란 말에서 보듯 그런 사람을 찾기가 쉽지 않다. 말뜻대로 '다른 것이 조금도 섞이지 않음. 사사로운 욕심이나 못된 생각이 없음'이 누구에게나 해당하는 말이 아니기 때문이다. 어찌 보면 철저히 '사람 됨'을 일컫는 말이다. 모름지기 '순수'의 지향점은 삶의 '초점'이다.

　내가 좋아하는 사람이 내 곁을 떠났다. 빈자리가 아니라 빈 가슴을 느낄 정도였다. 그는 참 순수하게 다가왔고 그렇게 가까웠던 사람이다. 동료지만 내게 부끄러움을 느끼게 했던 그였다. 그는 떠나면서도 마지막 날까지 자기 일을 다 했다. 요령 피우지도 않았다. 은근히 자기 욕심을 드러낼 법도 하거늘 뒷모습이 참 아름다웠다. 그에게 차라리 아름다운 사람이라는 별명을 지어 주고 싶었다.

　언젠가 나는 동료들 앞에서 선배 자격으로 '따뜻한 사람, 분명한 사람, 깔끔한 사람'을 주장했다. 하긴 법 집행이라는 견고한 목적을 수행하는 제복 관리가 이런 모습을 갖추기엔 한계가 있다. 나 자신이 이런 모델을 꿈꾸어 왔지만 늘 부족함을 느끼고 있으니 말이다. 어찌면 불가능하다는 생각이 들고 있다. 하지만 이런 사람을 꿈꾸어야만 내 양심에 대한 최소한 도리인 것처럼 여겨진다. 행동으로 순수함이 드러나야 한다는 뜻이다.

나는 또 겸손한 사람이 좋다. 아무래도 남보다 우월한 장점이 많으면 겸손과는 멀어진다. 키 큰 사람이 응당 작은 사람이 내려다보이는 원리다. 그럴수록 겸손은 내면의 의지와 밀접한 덕목이다. 말과 행실이 겸손해야 한다. 내 곁을 떠난 그는 참 겸손한 사람이었다. 언제나 천연하게 웃는 그에게 나는 내 겸손함을 보여 주지 못했다. 그게 더 미안하다.

내가 좋아하는 사람은 자주 웃는 사람이다. 따뜻한 마음은 웃는 얼굴에 드러난다. 웃고 있는 그가 귀하게 여겨지는 이유는 그의 베풂과 무관하지 않다. 사람은 원죄처럼 이기적인 욕망에 사로잡혀 살아가는데 그는 웃음만큼 나누고 베푸는 데 인색하지 않았다. 그에게서 돋보이는 아름다운 아이덴티티(Identity)를 발견했다고 해도 과언은 아니다.

자주 내 모습을 거울에 비춰 주는 그였다. 그에게서 나를 발견하고 돌아보는 일이 그랬다. 이렇게 그를 말하면 너무 추상적인 이념에 머물렀다는 생각이 들긴 한다. 사람의 행동 기준으로 이념과 표어만 내세워서는 아니 되는 까닭도 마음에 둘 일이다. 하지만 아주 작은 일 하나에도 순수함으로 채울 수 있다면 이미 그는 순수한 사람이다.

생각건대, 내가 좋아하는 사람은 결국 네가 좋아하는 사람이라야 한다. 선택은 내가 아니라 너이기 때문이다. 그러고 보니 내가 너무 무겁다. 무거움을 가볍게 하는 일이 내 남은 삶의 숙제다. 피할 수 없는 너와 나의 진실이다.

"주님의 교훈은 정직하여서 마음에 기쁨을 안겨주고, 주님의 계명 은 순수하여서 사람의 눈을 밝혀 준다. 시편 19:8, 새번역."

(2021.05.)

쟁기를 잡고 뒤를 돌아보지 말라는 아버지

아버지가 그렇게 흐뭇한 표정을 지으시던 모습을 나는 평생 잊을 수 없다. 어린 날더러 초등학교에서 무슨 상장을 받아 오기라도 하면, 나는 아버지로부터 인사치레로라도 '그래, 우리 아들 최고다!'라는 큰 칭찬 한번 듣고 싶었지만 아버지는 그저 밋밋하게 '잘했구면!' 하는 말씀 한마디가 전부였다. 언젠가 무슨 글짓기 대회에서 입상을 하여 전교생 앞에서 상을 받고 나서 나는 단숨에 달려와 아버지 앞에 그 상장을 내밀었다.

"아버지, 이 상(賞)은 아무나 받는 상이 아니에요… 아버지!"

호들갑을 떨었어도 아버진 예의 '그랴. 잘했구면!' 하실 뿐이었다. 어린 마음에도 서운했지만 내색할 수가 없었다. 그럴 수밖에 없었던 아버지의 속마음을 세월이 한참 지난 후에야 비로소 짐작할 수 있었는데, 글을 모르시는 아버지는 아들의 자랑스러운 상장(賞狀)을 읽어 볼 엄두를 내지 못했던 까닭이었다. 그 마음이 얼마나 답답하셨을까?

그러던 아버지가 환한 표정으로 잔뜩 아들을 치켜세웠던 사건은 내가 중학교 2학년 무렵이었다. 가을 추수가 끝나고 신작로 가장자리에 매상 벼 가마를 지게로 져 나르는 일을 아버지 혼자서 감당하셨는데, 보다 못해 나도 한번 그 짐을 져 보겠노라고 나섰던 것이다. 아버지는 거듭 만류하셨지만, 나는 이웃집에서 작은 지게를 빌려다가 작대기를 두 손에 움켜쥐고 땅을 짚은 다음 허리에 힘을 주며 조심스럽게 일어섰다. 그 순간, 아버지의 표정이 그렇게 밝아 보일 수가 없었다.

"여보게, 우리 맏이를 보았지! 이제 장정이 다 되었다네. 허 허….."

실은 나도 기뻤다. 성취감이란 작은 것에 더 아름답게 빛나는 법! 아버지는 그 후로 나를 대하는 눈빛이 달랐다. 머잖아 품앗이도 감당할 일꾼이 되겠기에. 지금 헤아려 보니 그 당시 정부에서 추곡수매로 매입하는 벼 한 가마의 무게는 54kg 정도로 그다지 무거운 게 아니었다.

아버지는 그렇게 지게질을 가르쳐 주셨다. 손수 소나무를 베어다가 내 몸에 맞는 작은 지게를 만들어 주셨음은 물론이다. 하기야 여전히 지게질이 서툴러 뒤뚱거리며 자빠지기도 하였지만, 아버지는 그때마다 꾸지람 대신 애써 칭찬을 마다하지 않으셨다.

"그렇게 뼈가 부드러울 때 지게질도 익히고 농사일을 배워야 하는 겨…. 당최 일을 보고 겁내서도 아니 되구….."

지금 생각해 보니 아버지가 입때껏 부농(富農)을 꿈꾸시는 것도 어쩌면 일찍이 학교도 모르고 어린 날부터 당신이 체득한 지게질이 어린 자녀를 위하여 지지 않으면 아니 될, 마치 당신의 십자가인 양 생각하신 것 같다.

나는 지게질 배우기 전에 또 젓가락질과 낫질을 배웠다. 할머니와 아버지와 나는 어머니가 따로 차려 주는 밥상을 받았는데 할머니 곁에서 젓가락질하는 모양새가 여간 마뜩치 않았던 것이다. 아버지는 인내심을 가지고 내게 특별 지도로 젓가락질 시범을 보여 주시곤 하였다. 오른손 엄지와 검지와 중지를 모아 젓가락 하나를 모아 쥐고 다시 중지와 약지 사이에 나머지 젓가락을 끼워서 부드럽게 네 손가락 놀림으로 콩자반까지 너끈히 집어 들 수 있는 젓가락질은 지금도 자랑스러운 내 특기로 여기고 있다. 누구나 쉬이 익히는 젓가락질이 무에 그리 대단한 능력인 양 자랑하느냐고 반문할지도 모르겠지만 놋쇠로 만든 무거운 젓가락을 자유롭게 움직이는 기술이 지게질만큼이나 간단치 않기 때문이다. 하기야 나도 지금은 다 큰 두 아들이 어렸을 적 잘못된 젓가락질을 바로잡느라 아버지처럼 인내심도 갖지 못하고 조급하게 꾸지람으로 일관했던 기억이 부끄럽기만 하다.

낫질은 순전히 시행착오의 연속이었다. 아무리 낫질하는 요령을 가르쳐 준대도 애오라지 실전이었다. 한순간의 실수는 피를 보게 하는, 처절한 현장실습이었다고나 할까. 학교에서 돌아오면 망태기를 나무 바퀴 하나 달린 외발 수레에 싣고 논둑길로 달려가서 지천으로 번진 쑥을 베어 오지 않으면 아니 되었다. 그 쑥으로 쇠죽을 쑤는데 아침마다 사랑채에 번지는 그윽한 쑥 내음은 그야말로 어미 소가 입맛 다실만도 하였다. 지금도 내 왼손 엄지와 검지에 남은 상흔은 그때 서툰 낫질로 베인 흔적이어서 애잔한 추억이 되고 있다. 그렇게 터득한 내 낫질 실력은 마침내 아버지로부터 인정받았으니….

"우리 아들, 낫질만큼은 품앗이 가도 손색없지! 암…."

아버지가 인정해 주는 내 낫질 실력은 손가락이 유난히 컸던 탓에 가을 벼 베기 할 때 진가를 발휘하곤 했다. 낫질을 할 때는 낫에 너무 힘을 주지 말고 벼 포기를 부여잡고 탄력적으로 끌어당기면 한 아름씩 안기는 고개 숙인 벼 포기는 낫질로만 얻을 수 있는 보람이자 기쁨이었다.

팔순이 훨씬 넘은 아버지로부터 나는 아직 한 가지 더 배우고 싶은 게 있다.

그것은 바로 쟁기질이다. 지게질을 배울 무렵 나는 아버지에 대한 일말 존경심이 일고 있었다. 아무리 경험이 많은 농부라 하더라도 소〔牛〕를 부리는 일은 아무나 할 수 없는 일이다. 그럼에도 아버지가 소를 다루는 기술은 가히 타의 추종을 불허할 정도였다. 일소를 만들려면 실한 송아지를 골라야 되고 중소〔中牛〕가 될 무렵, 아버진 어김없이 소태나무 질긴 가지를 끊어다가 불에 그슬린 다음 코를 뚫어 코뚜레를 꿰고 멍에를 씌우는 것이었다. 그리고는 먼저 빈 수레를 끌게 하고 차근차근 쟁기질로 숙달시키는 일련의 과정은 경험 그 이상의 기술이었다.

"이랴! 이랴!(전진) 워! 워!(멈춤) 무러! 무러!(후진)……."

아버지는 이렇듯 구성진 구령 소리를 내며 쟁기로 철마다 논과 밭을 갈아엎었다. 유난히 자갈이 많은 텃밭을 가는 날이면 나를 불러 쟁기의 목을 누르게 했는데 이는 소가 꾀를 내어 급히 가는 바람에 심경(深耕)되지 않은 까닭에서였다. 그렇다고 쟁기 날을 세우게 되면 힘에 부친 소는 멈춰 서서 푸후— 하고, 거친 숨만 몰아쉴 뿐이었다. 그날따라 소는 더욱 꾀를 내어 내쳐 달아났는데 보다 못한 아버지는 돌연 소고삐를 바투 잡아채며 '워— 워' 정지시키는 것이 아닌가.

"네가 한번 쟁기를 잡아 봐라! 쟁기를 잡고 뒤를 돌아보면 안 돼…!"

쟁기를 처음 잡아 본 그 기분을 누가 알 것인가? 초보 운전자가 처음 잡아 본 핸들은 이에 비할 바가 아니다. 긴장과 흥분의 순간도 잠시, 주인의 어린 아들이 쟁기를 잡았으니 얕잡아 본 어미 소가 냅다 달리기 시작했다. '소'라는 짐승은 꾀가 없는 동물인 듯하면서도 한 번 꾀를 부리면 걷잡을 수 없는 동물이기도 하여 나는 겁에 질린 나머지 덩달아 '워! 워!' 큰소리쳐 보았지만 어찌 주인의 권위 있는 목소리와 같을쏜가? 아버지의 도움으로 가까스로 텃밭을 갈았지만, 그날의 쟁기질은 처음이자 마지막 내 쟁기질이었다.

고향을 떠나 교도관이 되었다. 지금쯤 푸른 가을 하늘 아래 하루 일해 열흘 먹는다는 가을걷이는 농부의 진정한 땀의 산물이다. 고추를 거둔 텃밭에 두엄도 내야 하고 황금 들녘에 고개 숙인 수수 이삭도 서둘러 잘라야 한다. 외양간 언저리 틈새 밭에 호박도 탐스럽게 익었다. 아버지는 한마디 더하셨다.

"호박은 더 익게 놔둬라….."

부지런한 일손들이 점점 빈 들을 넓혀 갈 즈음, 대지의 벅찬 꿈은 땀 흘린 농부만이 느끼는 법. 나는 밭갈이로 파헤쳐진 흙을 맨발로 밟는 감촉을 잊을 수 없다. 굳이 '너는 흙이니 흙으로 돌아가라'는 성구(聖句)를 들지 않더라도 고향은 늘 가슴에 남는 아버지의 품속이다. 고향의 하늘과 땅과 바람! 그리고 내 아버지의 나무껍질 같은 딱딱한 손등과 굳은살 배긴 발바닥을 기억할수록, 와락 부끄러움이 고향 바다의 밀물처럼 밀려오는 것은 왜일까?

나는 내 아들에게 가르친 것이 별로 없다. 정말 쟁기를 잡고 뒤를 돌아보지 않을 그 뜨거운 인생의 가르침 하나 심어 주어야지, 마음먹으면서도 그게 어디 마음으로만 되는 일인가? 밤새 어둠을 밝힌 붉은 별이 지는 새벽녘에서 쏙독새 울음으로 날이 저무는 저녁까지 들판에서 부드러운 생명의 흙과 더불어 평생을 살아오신 내 아버지! 그 몸이 바로 교훈이요 가르침이었다.

그렇다. 내 비록 아버지와 같은 농부의 길을 아니 갈지라도 내게 주어진 길이 소외된 이웃과 함께하는 일이라면 그 길에 최선을 다할 일이다. 아니 마지막까지 정성을 쏟을 일이다.

"쟁기를 잡고 뒤를 돌아보아선 아니 된단다!"

오늘따라 아버지의 뜨거운 목소리가 가슴에 메아리치고 있다.

(조선일보 에세이 2011.05.03.)

성공한 교도관

성공한 교도관! 이러구러 교도관으로 사십 년 가까이 근무하고 나서야 비로소 나는 이 의미 있는 명제에 대하여 나름대로 정리하고 싶은 마음이 생겼다. 발단은 한 동료가 제안한 '성공한 교도관은 ○○ ○ ○○○ ○○○ 사람이다'라는 공모에 응모하면서다. 결과적으로 내가 제안한 문구가 당당히 2등으로 선정되어 더 깊은 책임감을 느끼며 되새기게 된 것이다.

이 공모의 발원을 말하자면, 작년에 노벨문학상을 수상한 미국의 포크 음악의 최고 뮤지션인 밥 딜런(Bob Dylan)이 "아침에 일어나 밤에 잠자리에 들며 그사이 하고 싶은 일을 할 수 있는 사람은 성공한 것이다."라는 말이 화제가 된 까닭이었다. 이를 본 한 직원이 사이버 게시판에 "성공한 교도관이란, 빨리 닳는 구두를 보며 보람을 느끼는 사람이다."라는 짧은 글을 올려 많은 공감을 불러일으키자 우리 소 크리스천 직원들의 모임인 신우회가 나서서 상품권을 걸고 SNS로 공모하였던 것이니.

이 기회에 나는 짧지 않은 교도관 이력 가운데 흔들리는 직업관을 바로 세울 수 있었던 직업에 대한 금언을 소개하고자 한다. 첫 번째는 거창고등학교에서 가르치는 '직업 선택의 십계명'이다.

'1. 월급이 적은 쪽을 택하라. 2. 내가 원하는 곳이 아니라 나를 필요로 하는 곳을 택하라. 3. 승진의 기회가 거의 없는 곳을 택하라. 4. 모든 조건이 갖추어진 곳을 피하고 처음부터 시작해야 되는 황무지를 택하라. 5. 앞을 다투어 모여드는 곳을 절대 가지 마라. 6. 장래성이 전혀 없다고 생각되는 곳으로 가라. 7. 사회적 존경 같은 것을 바라볼 수 없는 곳으로 가라. 8. 한가운데가 아니라 가장자리로 가라. 9. 부모나 아내나 약혼자가 결사반대하는 곳이면 틀림없다. 의심치 말고 가라. 10. 왕관이 아니라 단두대가 기다리고 있는 곳으로 가라.'고 하였다.

사실 이 직업관은 다분히 기독교적인 직업 소명론에 근거한 그 학교 설립자의 철학이 담긴 내용이다. 내가 아는 거창고등학교는 이런 교육 이념으로 육성된 인재들을 통하여 사회적으로 선한 영향력을 끼치고 있다. 보다시피 십계 가운데 네댓 개는 교도관의 숭고한 직업적 가치에 부합된다고 볼 수 있다. 나는 이 자료를 초년 교도관 때 퇴근하다가 우연히 골목길 작은 책방에서 발견한 '이 땅의 젊은이들에게'라는 소책자를 통해서 알게 되었다. 읽는 순간 큰 도전이 되었던 것이다. 저자는 6.25 전쟁 후 장기려 박사와 더불어 교육자로서 국가 재건에 헌신한 전영창 목사로 그 학교 교장선생님이었다.

두 번째는 영국의 역사가이자 사상가로 유명한 토마스 칼라일(Thomas Carlyle)의 금언이다. 직업관을 주제로 한 이재철 목사님의 칼럼 가운데 나는 이 금언을 보고 깊이 아로새겼다.

"만일 내 직업이 나를 영화롭게 하지 못한다면 내가 내 직업을 영화롭게 하리라."

아무튼 직업에 만족하기란 쉽지 않다. 속된 말로 '목구멍이 포도청'이라는 우화도 있지만 이왕이면 남에게 해가 되지 않는 유익한 직업의 가치는 얼마든지 고상한 의미로 높일 수 있고 가치 부여를 할 수 있는 것이다.

이쯤에서 궁금할 듯하여 공모에 입상된 작품을 살펴보겠다. 1등은 보편성이 돋보이는 "성공한 교도관이란 사랑을 나누는 사람이다."였다. 2등은 복수로 "성공하는 교도관이란 지금 힘들어도 넉넉하게 웃을 줄 아는 사람이다."와 "우리 아빠는 교도관이다! 자랑스럽게 부를 수 있는 사람이다."였고, 3등은 "성공한 교도관이란 수용자를 통해 나의 모습을 보는 사람이다."로 가치지향적인 직업관을 내세워 신박하게 다가왔다. 종합적으로 살펴보면 "성공하는 교도관이란 수용자의 모습 속에 나를 발견하고 구두가 빨리 닳도록 힘든 하루 가운데 사랑을 나누는 보람으로 넉넉한 웃음을 잃지 않는, 그래서 그런 아버지(어머니)를 자랑스러워하는 가족을 위해 일하는 사람이다."였다. 거듭 읽어 보아도 벅찬 내용이다.

하나 더 개인적으로는 내 좌우명처럼 여기는 명언을 소개한다. 작년에 독서 클럽을 운영하면서 정호승 시인의 유튜브 영상을 보다가 깊은 감동으로 가슴에 메아리쳤던 가르침이었다. 네덜란드 출신의

영성가로 유명한 헨리 나우웬(Henri Jozef Machiel Nouwen)의
말이다.

"관계가 힘들 때는 사랑을 선택하라."

교도관이라는 직무는 참으로 지난한 일이다. 지금은 여러모로 향
상되고 고양되어 직업의 가치가 높아진 게 사실이지만 몸과 마음을
다해 스스로 노력하지 않으면 안 된다. 결론은 자신이 선택한 직업이
므로, 결자해지(結者解之)다.

(월간 〈교정〉 2017.06.)

아— 아버지학교!

 지난 금요일 네 차례에 걸쳐 진행된 소망공동체 제17기 두란노아버지학교가 끝났다. 잔잔하면서도 뜨거운 은혜의 잔치였다. 사실 코로나 19 팬데믹 상황은 모든 교화 프로그램을 중단하게 만들었다. 점차 완화되어 신입 수용자들을 대상으로 조심스럽게 시작한 프로그램이 이번 아버지학교였다. 나 역시 진행자로 나섰지만 여러모로 망설이지 않을 수 없었다. 더구나 잘 훈련된 스태프도 없었다. 개설팀의 김병용 팀장이 모든 일을 도맡았다. 하지만 이미 준비된 수용자 형제들의 자발적인 섬김이 있어서 가능했다. 조장팀은 물론 노래팀, 관리팀, 영상팀까지 손발이 착착 맞았다. 노래팀에는 김연진 씨가 탁월한 리더십으로 잘 이끌어 주었다. 또 두란노아버지학교 본부에서는 강의 영상이며 필요한 모든 물품을 주저하지 않고 지원해 주었다. 모자람을 채워 주고 넘치게 하시는 하나님의 역사였다.

 나는 알량한 내 학력 가운데 '두란노아버지학교'를 넣었다. 때때로 내 글을 올려 페친들과 정담을 나누는 페이스북 정보란에 말이다. 이런 자랑스러운 아버지학교가 나에게 까마득한 16년 전 그해 늦은 봄날에 찾아왔다. 교육 시간도 주말마다 5주 동안 열렸으니 고작 스무 시간 남짓이다. 정규교육 기회가 끝나고 바투 오십에 다다른 나이, 나는 '아버지학교'를 값지게 체험했다. 의미 있고 질 높은 재미가 가득했다. 그 교육은 내내 뜨거운 감동의 도가니여서 그렇게 아버지학교가 나를 사로잡은 것이다.

이번에는 아버지학교 진행자로서의 섬김이었다. 지역에서 진행자로 네 번이나 섬겼지만 그것도 12년 전의 일이다. 하지만 보람과 감동은 예전에 비교할 바 아니었다. 진행을 맡아 달라는 요청을 받고 자료를 찾아보니 너무 오래된 것들이었다. 할 수 없이 함께 사역했던 분에게 최근 자료를 요청했다. 사실 코로나19라는 특수 상황이 2년째 계속되고 있으니 교도소마다 교화 프로그램이 멈춘 상태였다. 돌아보니 2005년 봄 나는 아버지학교를 수료하자마자 아버지학교 사역자로 나섰다. 내가 속한 서울 서남지부는 그리 잘사는 동네가 아니었다. 영등포, 구로, 광명을 어우르는 지역에서 풋풋한 아버지들과 함께하는 기쁨이 컸다. 이름하여 두란노아버지학교는 1995년, 우리나라에 아이엠에프가 닥치고 어려운 경제 상황 가운데 무너지는 가정들이 속출했다. 서울의 어느 교회에서 시작한 가정 회복 프로그램이 아버지학교 운동으로 확산하여 요원의 불길처럼 번졌다. 이 불길은 한국을 벗어나 74개국 298개 도시에서 아버지학교를 열게 하였다. 2020년 8월 기준, 408,473명의 수료자를 배출하는 역사였다. 마침내 2000년대 초반 시작된 교도소 아버지학교도 역동적인 사역으로 자리 잡았다.

2010년 12월, 우리나라에 최초로 민영 소망교도소가 문을 열었다. 복음적인 공동체를 지향하는 소망교도소에 아버지학교는 지체들의 '질서와 섬김의 공동체'를 이루게 하고 '변화와 감동'이라는 실천윤리가 자리 잡도록 크게 이바지했다. 이번 기수가 제17기였으니 그동안 기울인 기도와 정성이 헛되지 않았다. 확실히 아버지학교는 초기부터 복음적인 정체성을 잃지 않았기에 성령 운동, 삶의 실천 운동, 평신도 연합운동으로 가정과 교회와 사회를 회복시키는 중추적인 역할을 감당하고 있다.

나 자신도 그동안 사역의 발걸음이 매우 행복했다. 무엇보다 나는 교도관이기에 교도소 아버지학교의 실질적인 사역자가 되고 싶었다. 그동안 영등포교도소, 안양교도소, 공주교도소, 원주교도소 등을 찾아가 섬기는 보람은 영적인 기쁨이었다. 안양교도소에서 처음 조장으로 사역할 때를 잊지 못한다. 얼마나 추웠던지, 그럼에도 외투도 걸치지 못하고 아버지학교 교복인 얼룩무늬 티셔츠 속에 내복을 두 개나 껴입지 않을 수 없었다. 갇힌 형제들을 향한 아버지학교 스태프들의 정성은 뜨거운 사랑, 그 자체였다. 세족식을 하며 눈물이 났다. 그때 만났던 한 수용자 형제는 지금까지 교제를 지속하고 있다. 사역자들은 참 평범한 아버지들이어서 더욱 살갑다. 택시 운전, 세탁소, 치과의사, 공무원 등 갖가지 직업에 종사하는 분들이 생업을 뒤로하고 주말은 오로지 봉사자가 되는 것이다. 한마디로 아버지학교는 이 시대 입이 아닌 몸으로 전도하는 현장 사역이었다.

여기 당시 내가 아버지학교 첫 주에 체험했던 감동의 순간을 기록했던 일기를 소개한다.

2005년 4월 29일

기대가 크다. 내일부터 나는 아버지학교에 간다. 내심 나만 한 아
버지가 있으려고? 자만에 빠진 나였다. 그래서 이번에 아버지학교
를 지원하며 새롭게 다짐하는 것은 이제 '나'라는 아버지의 부실한 성
(城)을 허물고 아주 튼실하고 근사한 아버지의 성(城)을 다시 쌓을 참
이다.

2005년 4월 30일 '두란노아버지학교 서남 5기 1주차'

지난번에 자살을 기도했던 그 수용자 형제가 내 옆자리에 앉았다.
4월 마지막 주 토요일, 영등포구치소기독선교회 직원수용자연합예
배에서였다. 키도 크고 잘생겼다. 그는 조심스럽게 찬송을 부르면서
눈물을 흘렸다. 그의 손을 잡고 정식으로 내 소개를 했다. "이제 쉬
지 말고 기도하세요. 형제님!" 그의 얼굴에 평안함이 역력했다.

그 예배를 마치고 나는 서둘렀다. 오후 5시, 두란노아버지학교 첫
주차가 시작되는 날이기 때문이다. 가까운 고척교회 교육관 2층 계
단을 오르며 묘한 감동이 스며들었다. 알고 보니 노래하는 스태프들
의 우렁찬 하모니가 가슴에 울려 퍼졌던 것이다.

허깅(Hugging, 포옹)을 배웠다. 사실 나는 허깅이라는 말에 괜
한 거부감을 느끼고 있었다. 내가 꿈꾸고 좋아하는 시어(詩語) 가운

데 포옹(抱擁)이라는 말이 갖는 함축적인 의미와 더 나아가 '간절한 포옹'을 내 신앙적으로 열망하던 터다. 그럼에도 나는 이 낯선 외국어인 허깅을 자연스럽게 받아들였다. 뜨거웠다. 땀에 젖은 낯선 지아비의 가슴들이 그렇게 따뜻했다. 그냥 좋았다. 두란노아버지학교에서 첫날에 배운 것은 바로 이 허깅이었다. 아마도 족히 수십 번을 낯선 아비들의 가슴을 끌어안은 듯하다. 허깅은 눈을 바라보며 양손을 벌리고 서로 다가가서 가슴을 맞대고 어긋나게 상대의 등을 꼭 껴안아 주는 인사법이다. 더 중요한 것은 껴안은 채로, "사랑합니다." "축복합니다." "형제님은 좋은 아버지입니다."라고 인사를 나누는데 자꾸 눈물이 났다. 나는 그동안 이 사랑과 격려의 인사법에 문외한이었던 것.

내게 아버지학교는 우연이 아니었다. 10년 전 아버지학교 초창기에 소문을 들었고 기회가 되면 나도 등록하리라 마음을 먹었지만 막상 참여하지 못하고 있었다. 2년 전에도 한 스태프의 적극적인 권유에 핑계와 변명으로 미루다가 급기야 직장선교회장이 되고 나서 더 이상 주저할 수 없는 처지가 되고 말았다. 선교회원 다섯 명과 함께 등록했다.

아버지학교는 놀라웠다. 프로그램의 내용도 좋았지만 96명의 지원자에 무려 40여 명의 스태프들이 손과 발을 맞춘 섬김이로 봉사하고 있었다. 그들 모두는 아버지학교를 수료한 선배들이었다. 10년 역사의 아버지학교의 위력(?)은 컸다. 아버지학교 지원서는 일종의 서약서였다.

"본인은 아버지학교 전 과정을 성실히 참석할 것을 서약합니다."

인적 사항을 쓰고 '우리 가족의 소망'을 적어야 하는데 생각나지 않았다. 그 순간 거실 벽에 '하나님을 기쁘시게 섬길지니(히 12:28)'라고 가훈처럼 써 붙인 표구가 떠올랐다. 아내를 생각하니 늦은 나이에 무슨 일이든 가리지 않고 가계에 보탬이 되고자 애쓰는 짠한 얼굴이 떠올랐다. 또 아직 철모르는 새내기 대학생 큰애의 들뜬 표정과 대입을 앞두고 압박감에 시달리는 고등학교 2학년 작은아들의 순박한 눈빛도 스쳤다. 그렇다. 우리 가족의 소망은 가정 자체였다.

무대에선 남 저음 구성진 목소리로 대중가요 〈만남〉이 울려 퍼졌다. "우리 만남은 우연이 아니야"였다. 기타와 드럼 반주에 맞추어 신나는 보컬 합창으로 스태프들이 얼룩무늬 감색 티셔츠 유니폼을 입고 그렇게 우리 만남을 벅찬 목소리로 축복해 주었다. 그래서 〈당신은 사랑받기 위해 태어난 사람〉이라는 축복 송이 깊이 가슴에 와 닿았다. 한 테이블에 일곱 명씩 마주 앉았는데 낯설지 않았다. 조 이름을 정했다. 열띤 경합 끝에 '불가마 조'라고. '뜨겁게! 뜨겁게! 달구자! 얍!' 구호도 외쳤다. 불가마는 신실한 아버지를 꿈꾸는 뜨거운 가슴들의 집합체였다. 아버지학교의 당위성을 입증하게 하는 요즘 세대 아버지의 부재 현상을 추적한 텔레비전 프로그램이 편집 방영되고, 점차 묵직한 부담감이 밀려왔다. 하지만 거룩한 부담감이었다. 이 구호는 더욱 파장이 컸다.

"주님, 제가 아버지입니다."

조별 자기소개를 하는데 억지로(?) 등록한 분이 많았다. 나 역시도 결코 자발적이라고 자랑할 순 없었다. 나중에 알고 보니 이번 아버지학교를 준비하며, 아니 지금도 중보기도팀은 계속해서 아버지학교 지원자들을 위해서 기도하고 있었다. 그러니까 기도의 불가마 속에서 어설픈 아버지들이 데워지고 있는 것이다. 그 몸과 영혼까지.

아버지의 영향력에 대한 강의가 시작되었다. 열강이었다.

— 아버지의 죄가 아버지 한 세대로 끝나지 않습니다.
— 아버지의 의로움이 아버지 한 세대의 의로만 끝나지 않습니다.

아버지의 '결속', '사랑', '인도', '파송'이라는 4대 기능은 나와는 거리가 있는 단어에 불과했다.

나눔 1: "당신은 당신의 아버지로부터 어떤 영향을 받으셨습니까?"
나눔 2: "당신은 지금, 아버지로서 당신의 자녀들에게 어떤 영향력을 끼치고 있습니까?"

내 아버지를 떠올렸다. 농사와 술, 중독에 가까웠다. 가난한 농부의 칠 남매 가운데 맏이로 태어난 아버지의 짐은 너무 무거웠고 글을 모르시니 그 답답함이 오죽하실까? 술이 거나하면 눈물부터 보이시는 내 아버지! 나도 모르게 눈물이 핑 돌았다. 내게 무슨 일이 꼭 일어날 것만 같다. 참 아버지학교는 맛있는 저녁도 주었다. 얼큰한 육개장! 텁석부리 스태프들이 자꾸 더 주려고 안달이었다. 배도 불렀지만 마음은 더 뿌듯했다.

아버지학교 첫날 소감을 이렇게라도 대략 정리하지 않으면 아니 되었다. 그만큼 소중하고 간절했기에. 그나저나 벌써 숙제가 부담되고 있다. 아버지께 편지 쓰기, 아내와 자녀에게 편지 쓰기, 아내와 자녀가 사랑스러운 스무 가지 이유, 축복기도 하기, 아내와 자녀에게 허깅하기 등……

(2021.12.06.)

직업이라는 소명(召命)

　어제 아침 일곱 시 사십 분에 출근하여 오늘 오전 아홉 시 사십 분에 퇴근했으니 무려 스물여섯 시간 동안이나 여기 담장 안에서 지냈다. 내 직임은 당직팀장이다. 흔히 교도관은 반(半) 징역을 산다고 한다. 더러 긍정적인 말로 들을 수도 있겠지만 곰곰 생각해 보면 썩 기분 좋은 말은 아닌 듯하다. 징역이라는 말이 더 그렇다. 죄의 대가(代價)인 벌의 보편적인 의미는 형벌(刑罰)이며 바로 징역을 일컫는다.

　오늘은 매일 아침 일찍 출근하여 현장에서 근무하는 서른 명 남짓 직원들을 향하여 의미 있는 교육을 하였다. 이제 나는 교도관이라는 제복을 입고 일을 한 지가 어느덧 마흔 해가 가까워지고 있다. 그래서 그런 것일까. 오늘 교육은 그 사실을 관록인 양 으스대며 치장한 훈시였다는 게 내 솔직한 고백이다. 더욱 겸손하게 진정 어린 교육을 할 수 있는데도 말이다.

　제복을 입고 근무하는 직원은 단정한 용모는 물론 복장도 깔끔해야 하고 품행에 흐트러짐이 없어야 한다는 당위성을 계급 관료제 언어로 부드럽게 표현하기란 그리 수월치 않았다. 더구나 너 자신은 과연 그러하냐, 스스로 묻지 않을 수 없었고 떳떳한 마음이 들지 않았던 것이다. 그럼에도 나는 이런 형식적인 내용도 중요하지만 나아가 본질적인 직업 가치관을 후배들에게 넌지시 일깨우고 싶었다.

오늘도 그랬다. 지금 내가 선 이곳이 가장 소중한 공간이며, 지금 내가 하는 일은 그만큼 중요하고, 지금 나와 함께하는 사람들이 그들이 누구이든 가장 귀한 사람이다. 특히 수용자라 불리는 저들도 예외일 수 없다. 하지만 냉정한 안목으로 바라볼 때 저들은 범법자(犯法者)요 마땅한 벌을 받아야 하는 사람들이다. 그렇다고 저들을 이런 표면적인 안목으로 마음까지 동일시해서는 안 된다. 이렇게 잠잠히 복음적인 가치관을 말하지 않을 수 없었다. 교도관은 모름지기 사형수에게도 착하다는 말을 해야 하는 직업적인 특성이 있다. 그게 바로 소명(召命)이라고 나는 믿는다.

직업을 한자로 쓸 때, 직(職)은 귀 이(耳)와 소리 음(音)과 나 아(我) 자로 합성된 글자다. 그러니까 적어도 내가 하는 일은 부여받은 소명(召命) 혹은 사명(使命)이라는 뜻이다. 굳이 직업 소명론에 빗대어 풀자면, 하나님이 나에게 맡겨 준 그 일의 가치를 깨닫고 성심을 다하는 것이 직업(職業)이다. 한마디로 성직(聖職)이다.

사실 나는 교도관이라는 직업 속에 하루에 몇 번씩 역동적인 감정의 소용돌이에 휘말린 적이 많았다. 아니 오늘까지도 크든 작든 그 고민은 계속되고 있다. 그래서 예전 교도관의 기본 강령에 나온 '성직자적 사명'이라는 원칙을 들을 때마다 짐짓 뜨악한 기분이 들곤 하였다. 성직(聖職)은 아무나 할 수 없을뿐더러 누구나 해서도 아니 되기 때문이다. 그 길을 입때껏 걸어온 나였다. 솔직히 무겁고 심한 부끄러움이 밀려올 때도 있었다. 그렇지만 마음속 뿌리 깊은 생각은 흔들리지 않았다. 흙탕물 가운데 생수가 흐르면 결국 맑아지듯이 내 속사람이 꿈꾸는 복음적인 직업관이었다. 세월이 가도 진리는 변하지 않듯 아무리 깊은 어둠에도 십자가는 빛나고 있다.

어제 오후, 날 형님으로 서슴없이 부르는 박 군의 전화를 받았다. 이따금 새로운 달이 시작될 무렵이면 나는 지인들에게 마음을 담아 축복의 메시지를 전하곤 하는데 그는 단박 응답의 전화를 했다. 열아홉 살 때 그를 만났으니 그와의 인연은 어느덧 삼십 년이나 되었다. 그의 죄명(罪名)을 말해서 무엇하랴. 계절은 이제 봄이다. 그는 지금 마른 나무에 새 잎사귀가 피어 튼튼한 줄기를 뻗어 새로운 삶을 살고 있다. 큰 선물을 받고 기뻐하듯 그의 당찬 말이 귓가에 맴돌고 있다.

"아따 형님, 제 걱정은 안 해도 돼요."

(2018)

거룩한 삼품(三品)

교도관은 근무 중에 휴대해야 할 세 가지 물건이 있었다. 이름하여 '삼품(三品)'이다. 지금은 규정이 변경되어 그 효용성의 가치가 희석되었지만 내가 처음 교도관 입문 시절에는 이 삼품을 수시로 점검하곤 하였다. 삼품은 포승과 호루라기, 그리고 수첩이었다. 이 수첩 안에는 명함 다섯 장과 비상금 오천 원이 들어 있어야만 했다. 그것도 누런 작은 봉투 윗부분에 창문처럼 칼로 도려내어 5,000원이라고 표시된 액면가가 보이게끔 오천 원권 한 장을 가로로 펴서 다시 세로로 삼등분하여 그 봉투에 넣어 보관했던 것이다.

그러다가 비상 상황에 꺼내 사용하는 것이 주목적이었다. 지금 생각하면 누구나 손에서 뗄 수 없는 핸드폰과 각종 신용카드가 있으니 구시대의 유물이 되었다. 당시 어쩌다가 돈이 궁하면 우선 그것부터 꺼내 썼으니 그 효율은 최고였다. 애틋한 추억이 되고 말았다.

요즘 또 다른 삼품이 나를 얽매고 있다. 외출하여 하룻밤이라도 집 밖에서 묵을라치면 꼭 챙겨야 하는 물건이 있다. 그건 안경(돋보기)과 핸드폰 충전기, 또 손수건인 듯하다. 사실 손수건 없이 지내왔다. 그러다가 몇 해 전부터 갑자기 오른쪽 눈에 탈이 났다. 눈물은 눈물샘에서 흘러나와 눈을 적시고 눈물 구멍을 통해 다시 콧속으로 흘러 콧속 먼지를 응고시켜 코딱지로 일생을 마친다. 그런데도 내 눈물은 안으로 흐르지 못하고 자꾸 밖으로 흘러넘치고 있는 게 아닌가.

안과 의사는 처음에 뚜렷한 병명도 말하지 않은 채 수채가 막힌 것에 비유하며 두세 가지 점안액 처방을 해 주곤 하였다. 그러니 손수건을 항시 휴대하지 않을 수 없는 노릇이다. 나머지 안경이나 충전기는 굳이 설명하지 않겠다. 이렇게 삼품은 내가 휴대하지 않으면 당장 작지 않은 불편을 주고 있으니 미리미리 챙길 수밖에 없다.

곰곰 생각해 보니 내가 늘 챙기고 되새겨야 할 차원이 높은 삼품이 있었다. 한낱 이런 미물에도 의미를 두고 소중하게 여기고 있거늘, 내 속사람이 챙기지 않을 수 없는 영적인 가치관이다. 바로 믿음과 소망과 사랑이라는 거룩한 삼품이요 영성(靈性)이다. 성경적으로 보면 나라고 하는 존재는 영적인 피조물이다. 하나님의 걸작품인 나는 육체적인 속성보다 하나님의 성품을 끊임없이 갖추고 살아야 하는 까닭도 여기에 있다. 성경은 믿음과 소망과 사랑, 그중에 사랑이 으뜸이라고 강조하고 있다. 하긴 하나님은 사랑이라고 말씀하셨으니 그럴 수밖에.

사랑이란 무엇인가? 그것은 곧 인격이요 태도라고 나는 믿는다. 예수님은 말씀하셨다. '나는 마음이 온유하고 겸손하니 나의 멍에를 메고 내게 배우라 그리하면 너희 마음이 쉼을 얻으리니(마 11:29).'

그게 그리스도인의 인격이요 살아가는 삶의 태도와 방식이다. 나는 소망한다. 이 거룩한 삼품으로 내 남은 생애, 아름답게 가꿀 수 있기를.

(2017.10.)

이런 낭만이 없다

 낭만을 꿈꾸지 못했다. 낭만(浪漫)이란 뜻조차 제대로 몰랐거니와 그럴 만한 여유와 정서가 내게 없었다. 군색했던 내 젊은 날, 다만 책을 가까이하고 싶었다. 그래 직장 생활 가운데 야근수당을 받으면 달마다 한두 권씩 책을 사 보곤 하였다. 그렇게 해서 시집(詩集)은 꽤 많이 모았고 또 읽었다. 하지만 시집을 들고 공원 벤치에 앉았던 기억은 손꼽을 정도다. 그나마 책을 가까이했던 낭만이 내겐 값진 추억이다.

 지난해 말, 우연한 하루였다. 무료하기도 하고 언뜻 지나가다가 주의 깊게 본 여주도서관에 들렀다. 1층 안내 직원에게 자유롭게 책도 읽고 인터넷 검색도 할 수 있는 공간을 물으니 4층에 올라가 보라고 하였다. 무뚝뚝한 친절이었다. 이런 친절은 작은 성의라도 보여주었으니 만족한다는 뜻이다.

 창밖으로 강물이 보였다. 그게 좋았다. 대한민국 도서관 가운데 이런 풍경이 있는 도서관은 드물지 싶다. 고운 햇살에 은빛 물결 찰랑대며 조용히 흐르는 강물, 어쩌면 내게로 흐르는 강물이었다. 문득 '윤슬'이란 아름다운 우리말이 떠올랐다. '햇빛이나 달빛에 비치어 반짝이는 잔물결'을 바라보는 기쁨을 맛볼 수 있는 그곳이다. 멀리

강가에 보이는 희끗희끗한 잔설(殘雪)은 강물에 닿지 않으려는 계절의 의지(意志)처럼 느껴졌다. 겨울이 지나고 있다.

비번(非番)이란 말은 내게 무척 의미롭다. 팔십 년대부터 나는 야근에 익숙해졌다. 갑, 을, 부로 나뉘어 하루 스물네 시간 근무하면 다음 날은 비번, 즉 쉬는 날이다. 아침에 퇴근할 무렵이면 온몸이 녹초가 되었던 격일 근무제였다. 달리 비번이 아니었다. 내가 쓴 시 가운데 '비번 일기'라는 이름으로 몇 편은 연작으로 썼다.

정년퇴직이 가까운 늙수그레한 나이, 나는 여기 여주(驪州) 땅에 와서 일하게 되었고 알게 모르게 건강관리가 우선이었다. 비번 날은 주로 산에 자주 갔다. 가까운 뒷산은 수도 없이 올랐다. 이른 봄날이면 더러 두릅 순도 따고 장마철 지난 여름날은 영지버섯, 가을날은 산밤도 주웠다. 주변에서 비교적 높은 우두산(484m)은 열 번 정도 오른 것 같다. 그 밖에도 고래산(543m), 나지막한 소달산, 싸리산, 마감산, 소금산, 북성산과 이천에 설봉산 또 양평 두물머리가 보이는 운길산, 강원도 춘천 시내가 한눈에 펼쳐지는 삼악산, 홍천에 여덟 봉우리가 뚜렷한 팔봉산, 경기도 최고봉인 용문산(1,157m)도 아내와 함께 올랐다. 하긴 재작년 여름 백두산에 올라 천지(天池)를 마주했던 장엄한 감동의 순간은 평생 잊지 못할 것이다.

이런 낭만이 없다. 내가 즐길 수 있고 누릴 수 있는 자기만의 낭만말이다. 낭만은 선택의 문제이긴 하지만 스스로 만들지 않으면 안 된다. 지금 내가 처한 상황이 도무지 낭만과는 거리가 멀더라도 그 거리를 좁히는 노력이 필요하다. 이를테면 의무감에서라도 책을 읽고 산책을 즐기며 음악과 영화 감상 등으로 낭만의 시간을 가꾸는 것이다. 주어진 상황을 탓하지 말고 시간을 아끼며 여백을 만들어 의미 있게 살아야 한다. 이런 틀에 박힌 일상을 주장하면 너무 겉치레 낭만인가. 아무튼 낭만을 꿈꾸며 살아야 한다. 한 번뿐인 내 인생!

흐르네
푸른 하늘이 내려와
말없이 흐르네

꿈꾸네
큰 산들이 내려와
그림자로 꿈꾸네

속삭이네
긴 어둠을 밀어내고
고운 햇살로 속삭이네

그렇게
울어 보았니?
그렇게 웃어 보았니?

이른 아침,

엄마처럼 흐르는

저 강물처럼

— 졸시〈아침 강물〉전문

(2018.01.)

누름돌·디딤돌·걸림돌

　모자를 벗었다. 참 무거운 모자였다. 입때껏 모자 쓰는 인생을 살았다. 초등학생 때만 모자를 쓰지 않았지, 중고등학교는 물론 곧바로 입대하여 3년 가까이 군모를 썼다. 그러다가 채 일 년도 되지 않아 교도관이라는 제복 공무원이 되고 보니 지금까지 모자와 결별하지 못한 꼴이다. 거의 50년 동안 모자를 쓴 셈이다. 초년 교도관 때 썼던 1980년대 모자가 제일 무거웠다. 금속제 커다란 모표까지 달았으니 오죽할까. 순회 점검 때는 그 모표가 반짝반짝 빛나도록 닦았다.

　격일 근무를 하던 그 시절, 새벽 1시 일어나 잠이 덜 깬 채 교대 근무를 하러 수용동에 들어가다가 철문에 머리를 부딪기 일쑤였다. 모표에 이마가 찢겨 피가 났다. 모자를 벗고 근무했으면 하는 바람이 그때부터 컸다. 그런데 요사이 모자를 벗고 근무한다. 40년 소원을 이루었으니 감개무량하다. 현장 근무 직원들의 애로를 귀담아 대단한 정책 결단을 내린 당국의 넉넉한 리더십에 새삼 고마운 마음이 들고 있다. 모자의 중압감은 모자의 무게뿐만이 아니었다. 내게는 '누름' 당하는 압박이 모자를 쓰는 내내 느껴졌던 것이다. 그 누름에서 벗어나고 싶었다.

　누름돌! 분명 모자는 누름돌이었다. 내 어릴 적 윗집 할아버지는 왕

골을 길게 찢어 돗자리를 만들었다. 거기에 조약돌 추를 달아 돌의 무게로 한 땀 한 땀 조여들게 하였다. 튼실한 돗자리를 만들기 위함이다. 어머니는 장독대에 매끈하면서도 묵직한 몇 개의 돌을 챙겨 놓았다. 장독에 무장아찌나 묵은지를 담글 때 간이 제대로 배도록 돌을 얹는 것이다. 또 두부를 할 때도 두부가 잘 굳도록 누름돌이 필요했다.

이제 또 다른 디딤돌 얘기를 하고 싶다. 우리 소(所) 정문에서 보안청사로 연결된 한 이십여 미터 남짓 짧은 길에는 한 걸음마다 모양 좋은 검은색 돌을 박아 놓았었다. 그런데 문제는 겨울이었다. 살짝 얼기라도 하면 자칫 미끄러지는 안전사고가 일어나곤 하였다. 급기야 나이 든 한 직원이 미끄러져 넘어지고 말았다. 병원에 갈 정도로 작지 않은 부상이었다. 이 돌은 디딤돌이 아니라 걸림돌이 되고 말았다. 결국 이 디딤돌을 치울 수밖에. 모양보다 안전, 껍데기보다 알맹이를 선택한 것이다.

그런데 이 디딤돌이야말로 우리 인생에 매우 소중하다. 이를테면 아버지는 아들의 디딤돌이 되어야 한다. 아버지를 딛고 아들을 나아가게 만드는 게 아버지의 사명이다. 선생님 또한 마찬가지다. 선생님은 학생들에게 나를 딛고 꿈을 이루라고 지혜와 열정을 다 쏟는다. 큰 애정의 디딤돌이다. 이런 디딤돌은 오로지 사랑과 헌신의 상징이다.

모름지기 나는 교도관의 사명이 이 디딤돌이라는 생각이 들기도 한다. 누군가 건너지 못하고 망설이고 있을 때 나를 딛고 건너가길 바라는 뜻이 디딤돌에 담겨 있다. 그런 애틋하고 의미 있는 디딤돌이 되고 싶다. 그렇게 살고 싶다. 나를 밟고 뚜벅뚜벅 앞으로 나가길. 그 길은 꽃길이 되고 부디 '살리는 길'이 될 수 있기를 간절히 소망하는 것이다.

이렇듯 누름돌과 디딤돌은 참 의미 있는 가치를 지녔다고 볼 수 있다. 수필가 최원현 선생은 〈누름돌〉이라는 명수필에서 이런 고백을 하고 있다.

생각해 보니 옛 어른들은 누름돌 하나씩은 품고 사셨던 것 같습니다. 누가 가르쳐 주지도 않았을 텐데 자신을 누르고, 희생과 사랑으로 그 아픈 시절을 견디어 냈으리라 생각됩니다. 요즘 내게 그런 누름돌이 하나쯤 있었으면 하는 생각이 듭니다. 스쳐 가는 말 한마디에도 쉽게 상처받고, 주제넘게 욕심내다 깨어진 감정들을 지그시 눌러 주는 그런 돌 하나 품고 싶습니다.

정녕 나도 자신을 자주 돌아보고 거친 마음 씀씀이를 다독여 주는 따뜻하고 때깔 고운 마음의 누름돌을 하나 품고 살아야겠다. 이 돌이 귀찮다고 팽개친다면 누군가의 걸림돌이 되고 만다. 걸림돌은 상처를 만들기 십상이다. 디딤돌이 제 노릇을 못하고 본분을 잃으면 분명 걸림돌이다. 단언컨대 드러나지 않는 뿌리 같은 디딤돌이라야 한다.

(2022.01.)

존경하는 그리운 김 목사님!

이제야 편지를 올립니다.

어느덧 사십 년이란 세월이 흘렀으니, 죄송하다는 말씀도 못 드리겠습니다. 하지만 이렇게 편지로라도 목사님께 감사한 마음을 표현해야 도리인 듯싶어 글을 올리게 되었습니다.

지금쯤 고향의 촌 예배당 가 감나무엔 익은 감들을 다 떨구고 꼭대기에 몇 알 대롱대롱 매달린 채 배고픈 까치를 기다리겠지요. 곧 찬서리가 내리고 뒷산 골짜기에서 찬 바람 불어와 성탄절 무렵이면 제법 많은 눈이 쌓이겠지요.

성탄 전야는 왜 그리 마음 설레던지요. 새벽 기도회에 나가시는 할머니와 어머니께 "내일 새벽에는 저도 꼭 깨워 주세요?" 몇 번을 부탁하여 약속을 받고서 잠자리에 들었지만 도무지 잠이 오질 않았습니다. 그날 저녁에 공연되는 크리스마스 성극을 잘 해낼지? 되우 마음 설레던 것입니다. 그런 조바심으로 이불속에서 뒤치락거리다가 이윽고 어머니의 잔소리를 듣고 말았습니다. "얘야! 냉큼 잠을 자지 않으면 새벽에 깨우지 않을 테다!"

어린 조카들을 처음 교회로 이끈 막내 고모가 떠 준 털실 벙어리장갑을 끼고 집집마다 대문 앞에서 성탄 찬송을 불렀지요. 하얀 입김을 내뿜으며 걷는 새벽길은 신비롭기만 하였습니다. 눈길이어서 더러 개울을 건너다가 넘어지기도 하였지만 마음속 기쁨이 가득했습니다. 아침이면 늦잠 자느라 마을을 돌며 새벽 송을 부르지 못한 친구들 앞에서 자랑할 생각에 지레 신났기 때문입니다.

"기쁘다 구주 오셨네 만백성 맞으라 온 교회여 다 일어나 다 찬양하여라 다 찬양하여라 다 찬양 찬양하여라."

지금 생각해도 내 유년은 마을 동산에 예배당이 서 있고 해마다 성탄 축제와 더불어 애틋한 추억이 쌓였던 것이니, 추억을 넘어 입때껏 내 생애 소중한 신앙의 요람이 되었던 것입니다. 이는 어쩌면 내 인생의 말할 수 없는 은총이자 축복이었습니다. 그 바탕에 김 목사님의 농촌 마을 불쌍한 영혼들을 위한 눈물 어린 기도와 헌신이 있었기에 가능하였다고 생각합니다.

성극은 주일학교 선생님이 일일이 써 준 각본을 들고 대사를 외우며 양치는 목자와 랍비와 마리아… 각기 맡은 역할도 중요했지만 무대를 꾸미고 근사한 분장을 해야 하는데 마땅한 옷이 없어 홑이불을 두르고 머리엔 수건을 말아 동여매는 등 유대인을 흉내 내는 일이 여간 버거운 일이 아니었습니다. 게다가 저는 중학생이라고 연극이 끝난 다음 코 큰 선교사가 되어 성도 앞에서 설교를 하였습니다. 물론

엉터리 영어를 구사한 것이지요. 옆에서 또래 친구가 넥타이를 매고 통역을 하였는데, 지금 생각해도 그 원고가 참 뜨끔한 내용이지 싶습니다. 농사철이 빗겨 나면 마을 주막에는 언제나 술판이 벌어지고 한쪽에는 도박판으로 가산을 탕진하여 고향을 떠나는 불행한 일들이 빈번했으므로 어린 학생의 입을 빌어 강한 깨우침을 주고자 했던 목사님의 남다른 농촌 사랑법이었습니다.

정작 목사님께 두고두고 감사할 일을 드러내야겠습니다. 까까머리 중학생이 되어 읍에 있는 학교로 통학하는데, 하굣길에 저는 매일같이 목사님의 일간신문을 보급소에서 배달해 드렸지요. 가끔 저에게 동전 몇 개를 쥐여 주던 목사님! 그 신문을 저는 지금도 읽고 있습니다. 주일이면 어른 예배를 준비하느라 시간이 빠듯하실 텐데도 중학생들은 따로 모아 성경과 한자(漢字)도 가르쳐 주셨습니다. 그러던 어느 날, 밑줄을 그으며 가슴에 아로새긴 말씀은 내 평생 잊지 않고 있습니다. 아니 잊을 수가 없습니다.

"내가 진실로 진실로 너희에게 이르노니 한 알의 밀이 땅에 떨어져 죽지 아니하면 한 알 그대로 있고 죽으면 많은 열매를 맺느니라. 요 12:24."

어쩌면 저는 이 '말씀' 따라 제 인생을 살아왔고 소명처럼 서른두 해 동안이나 변함없이 한 직업에 종사하고 있다고 믿습니다. 나아가 직업 속에 복음적인 삶을 꿈꾸며 일해 왔노라고, 자부하고 싶습니다. 제 직업은 교도관입니다. 교도관이라는 직업은 참으로 지난한 직업이어서 때때로 다른 길을 찾고 싶어 숱한 방황과 갈등을 겪으면서도 흔들리지 않았던 것은 바로 이 '말씀' 때문이었습니다. 한 알의 밀은 땅에 떨어져 움직임 없이 바로 그 자리에 뿌리를 내려야 하는 것이고 파란 싹이 돋자마자 삭풍에 흔들리며 눈이 쌓여도 결코 낙망하지 않습니다. 다시금 새 생명의 기운으로 무럭무럭 자라나 마침내 누렇게 익은 열매로 고개 숙일 때, 주인은 낫을 들고 얼마나 기뻐하실까요?

그립고 존경하는 김 목사님! 다시금 고마운 인사를 올려야겠습니다. 이제 은퇴하셔서 칠순도 훨씬 넘으셨을 목사님을 생각하니 와락 부끄럽고 뜨거운 마음이 일어납니다. 개인적으로도 우리 형제들을 끔찍이 사랑해 주셨습니다. 글을 모르시는 어머께 성경을 통하여 글눈을 뜨게 하셨고 자녀 교육에 남다른 꿈을 심어 주셨던 목사님을, 지금 팔순의 제 어머니께서도 무척 그리워하십니다.

아, 참 목사님! 꼭 자랑할 게 있습니다. 저희 사 형제 중 맏이인 저와 셋째는 장로가 되어 교회를 충성스럽게 섬기고 있으며 두 동생 또한 안수 집사로 각기 교회와 직장에서 섬김의 직분을 잘 감당하고 있습니다. 이 모든 것이 전기도 없던 그 시절, 촌 예배당 남포등 밑에서 목사님의 가르침을 통하여 믿음으로 성장하였기 때문입니다.

그때가 그립습니다. 생각할수록 잔잔한 감동으로 다가오는 정경

(情景)이 펼쳐지곤 합니다. 겨울이 다가오면 한 날을 택하여 온 교인들이 사택에 쓸 땔감을 장만하러 산에 올라가 한 짐씩 교회 앞마당에 가득 풀어 놓았지요. 그 모습이 어린 마음에도 참 뿌듯하였습니다. 게다가 예배당은 흙벽돌로 쌓아 올린 초가지붕이었는데 볏단이 삭아 지붕이 짙은 회색으로 바뀌면, 교회에 나오지 않으시는 동네 어른들까지 모여 싱싱한 볏짚으로 새 이엉을 엮어 교회 지붕을 말끔하게 단장하던 일들은 얼마나 흐뭇했던지요.

그렇게 목사님은 헌신과 열정의 목회를 하시다가 초가지붕 교회를 헐고 말끔한 콘크리트 새 예배당을 세우시고는 홀연히 새로운 목회지로 떠나셨습니다. 저 그때, 울었습니다. 학교 가느라 목사님, 떠나시는 것도 못 보았으니 얼마나 서운했던지요. 훗날 목사님은 그런 고백을 하셨다고 들었습니다. 어떤 어려움이 있어도 새 교회를 짓고 떠나야겠다고. 그 일을 하지 못하면 정녕 죽을 것 같은 생각이 들었다고 말입니다.

목사님을 그리워하며 저는 지금 현재의 저 자신을 돌아보지 않을 수 없습니다. 저 역시도 쉰 살이 훨씬 넘었으니 가정과 교회와 직장에서, 아니 내 모든 삶의 터전 위에서 정말이지 목사님이 그러셨던 것처럼 '한 알의 밀알'이 되어 성숙한 그리스도인의 길을 가고 있는지 점검해 보아야겠습니다. 무엇보다 '갇힌 자를 향한 증인'의 사명을 다시금 뜨겁게 꿈꾸며 막바지 땀을 쏟아야겠습니다. 쓰다 보니 꽤 긴 글이 되었습니다. 이제 목사님의 인자하신 얼굴을 떠올리며 글을 줄

여야겠습니다.

목사님! 내내 강건하시기를 기도합니다. 고맙습니다. 사랑합니다.

이천십삼 년 동짓달 스무 날, 최기훈 장로가 글 올립니다.

(2013.11. 〈아름다운동행〉 창간 7주년 기념 '감사 이야기' 공모 당선)

공동체가 나아갈 길

소망공동체 사역 단상

공동체가 나아갈 길 — 하나

　김 형, 한번 단둘이 만나서 긴 시간 얘기를 나누고 싶어도 그럴 여백을 만들지 못하는 궁색한 일상인 듯합니다. 이 또한 변명일 테지요. 무엇보다 김 형이 예전보다 건강해진 모습을 볼 수 있어 참 좋습니다. 오늘 이렇게 공개편지를 올리는 걸 너그럽게 헤아려 주시기 바랍니다.

　언젠가 저한테 메모지에 짧은 시(詩) 한 편을 써서 주었지요. 한번 다듬어 보라고요. 그러던 어느 날 정문 안쪽 벽에 그 시가 버젓이 제 이름으로 근사한 액자에 담아 걸려 있었습니다. 직원들은 물론 드나드는 사람들이 그 시를 읽어 보지 않을 수 없겠지요. 여기서 분명히 밝히는 것은 그 시의 원작자(原作者)는 제가 아니라는 것입니다. 팔할은 김 형의 작품입니다. 저야 시가 좋아서 그냥 낱말 몇 개 바꾸고 연을 새로 짰으며 토씨를 다듬은 것뿐입니다. 그 시를 다시금 천천히 읽어 봅니다.

소망둥지

꿈을 잃은 영혼들이 여기에 모였습니다

길 잃은 새는 둥지를 찾고
둥지 속 어미는 바로 당신입니다

지극한 어미의 품속에 새 생명이 자라나서
다시금 꿈 찾아 힘차게 날아가는 곳,

소망의 동산은 사랑의 둥지입니다
당신은 바로 그 어미입니다!

나는 누구보다 김 형이 소망공동체를 사랑하고 앞장서 기도하는 동지임을 알고 있습니다. 그 사실이 늘 자랑스럽고 든든합니다. 소망공동체 신우회에서 '기도 운동'을 펼친 지 벌써 540회가 넘어 2년이 다가옵니다. 점심시간마다 대강당에 복음송이 은은하게 울려 퍼지고 군데군데 몇몇 직원들이 기도하는 모습을 보노라면 와락 뜨거운 감동이 밀려오곤 합니다. 그 중심에 김 형이 있습니다. 다른 동료와 저도 동참하곤 하지만 김 형의 그 각별한 '소망공동체 사랑'에 비하면 아주 미미한 흉내에 불과합니다. 그렇습니다. 기도하지 않으면 공동체는 무너질 수 있습니다.

최근에 외부 연구 기관에 의하여 민영 교도소 10년 운영을 평가하는 설문에 응답하면서 일순 마뜩하지 않은 부분이 있었습니다. 물론 학술적이고 객관적인 자료 도출이 목적이겠지만 소망교도소를 대체하려는 숨은 목적을 추측할 수 있었기 때문입니다. 그럴 일은 없겠지요. 이러구러 그 동기도 있지만 있을 때 잘해야겠다는 생각에 불현듯 김 형에게 이 편지를 쓰고 싶었습니다. 저는 이제 소망공동체와 함께 할 날이 채 일 년이 남지 않았습니다.

지난 10년을 돌아보면 감사한 것뿐입니다. 복음적인 순수한 마음을 품고 공동체의 지체가 되었지만 제 능력은 턱없이 부족했고 용기 또한 없었습니다. 그러기에 더러 낙심하여 회의감이 밀려올 때 김 형을 떠올리곤 하였습니다. 김 형이야말로 순전한 믿음의 소유자요 소망공동체의 기둥처럼 느껴졌기 때문입니다. 정직히 말하건대, 김 형이야말로 복음이 뼛속에 깊이 스며 있는 사역자입니다. 저야 그저 머리와 말과 글에만 머물러 있으니 부끄러울 수밖에요. 김 형은 갇힌 이웃을 향한 영적 책임감이 충만합니다. 그 충만함은 온유와 겸손의 향기로 퍼져서 공동체를 향한 선한 영향력이 되고 있습니다.

그리고 보면 저도 '소망공동체'라는 복음적인 비전에 일조한 것 같아 자부심이 들기도 합니다. 2010년 소망교도소가 개소된다는 소식을 듣고 견고한 국영(國營) 교도관의 틀에서 벗어나 동참하고 싶은 마음이 컸습니다. 이윽고 그해 늦은 봄 본격적으로 직원들이 선발되고 저 또한 한 지체가 되었습니다. 당시 제 마음에 품은 비전은 복음에 기초한 '질서와 섬김의 공동체'였습니다. 엄정한 법 집행기관이 공동체를 꿈꾼다는 자체가 모순이요 한계일 수밖에 없지만 '아가페 사랑'만이 가능한 비전이었습니다. 2011년 우리 소 캐치프레이즈 공모에서 나는 당당히 '질서와 섬김의 공동체'를 주창하였습니다. 그때부터 우리 소망교도소는 '사람을 살리는 공동체'로 성숙해지고 입때껏 더 아름다운 공동체로 성숙해져 가고 있다고 믿습니다.

 바라는 것은 소망공동체가 더욱 튼튼해지도록 우리 모두 날마다 기도해야겠습니다. 공동체를 분열시키고 무너지게 하는 것은 결국 개인의 이기심 혹은 사심(私心)입니다. 사람은 누구나 원죄처럼 이기심을 가지고 있습니다. 그렇지만 주님이 세우신 공동체는 이기심을 다스리는 믿음의 용기와 의지를 요구하고 있습니다. 여기 소망공동체 가운데 그렇게 주님의 공의가 면면히 드러나길 바라는 마음 간절합니다. 갇힌 이웃을 향한 아가페 사랑만이 소망공동체의 지표가 되어야 합니다. 누구를 탓할 일은 아닙니다. 3년 전 불행하게도 물의를 빚은 그릇된 리더십의 행태와 역기능을 뼈저리게 감당해야만 했습니다. 위기였지만 믿음의 공동체였기에 잘 이겨 내고 결과적으로 합력하여 선을 이루는 공동체가 되었습니다. 새로운 소장님을 정점으로 변화와 회복의 길을 가고 있음에 여간 감사한 일이 아닙니다.

 두 번째 간곡한 바람은 권위주의에 벗어나는 일입니다. 권위는 아름답고 존귀하지만 권위주의는 가시처럼 찌르고 상처를 주기 마련입니다. 또 다른 허위와 거짓을 낳게 되지요. 그 부작용은 상흔으로 남고 쉬이 사라지지도 않습니다. 권위주의가 소망공동체를 지배하지 않도록 스스로 돌아보는 겸손한 언행으로 성숙한 공동체문화를 이루도록 저부터 힘쓰겠습니다. 저는 소망공동체의 모든 지체가 각자의 위치에서 최선을 다하고 무엇보다 수용자 형제들에게 복음에 뿌리를

둔 인격적인 처우를 넉넉히 감당함에 자랑스럽고 고마운 마음이 들
곤 합니다.

쓰다 보니 제법 긴 편지가 되고 말았습니다. 오늘도 김 형은 생활
속에 체험적인 복음을 담아 몸소 엮은 책의 내용대로 '푯대를 향하여'
'목숨 … 목숨'을 살리는 구령(救靈) 사역에 앞장서고 있습니다. 우리
의 소명(召命)이자 사명(使命)입니다. 저도 열심히 따라가며 돕겠습
니다. 더욱 기도하며 응원하겠습니다.

사랑하고 축복합니다.

2021년 7월 말
코로나 팬데믹과 폭염 가운데, 생명의 주님을 찬양하며
동지 최기훈 올림

공동체가 나아갈 길 ─ 둘

두 번째 편지입니다. 누구에게 쓸 것인지 처음부터 정해 놓지 않았습니다. 하지만 첫 줄을 쓰면서 잠잠히 떠오르는 사람이 있었습니다. 박영록 부소장님! 그분은 지금 우리 곁에 없습니다. 어쩌면 기억도 점점 희미해져 가는 것 같습니다. 그럼에도 지금까지 내 가슴에 남아 있는 것은 그에게서 느껴지던 열정입니다. 더 보태자면 빚진 자의 심정 같은 것입니다. 그 마음을 그는 종종 드러냈습니다. 보는 이가 느끼도록 말입니다. 그게 십 년이나 되었는데 입때껏 거룩한 잔상(殘像)이 되었습니다. 복음에 빚진 자! 그분을 그렇게 기억합니다.

찬송가 505장 〈온 세상 위하여〉를 나직이 불러 봅니다. 가사가 철저히 복음적입니다.

온 세상 위하여 나 복음 전하리 만백성 모두 나와서 주 말씀 들으라
죄중에 빠져서 헤매는 자들아 주님의 음성 듣고서 너 구원 받으라
전하고 기도해 매일 증인 되리라 세상 모든 사람 다 듣고 그 사랑 알도록

멜로디에서도 힘이 넘칩니다. 가볍게 부를 수 없는 곡입니다. 그 분은 첫 소절 '온 세상 위하여'를 '수·용·자 위하여'로 바꾸어 불렀습니다. 표면화된 복음이라고 해야겠지요. 그런 열정이 어디서 나왔는지 묻고 싶었지만 그러지 못했습니다. 조용히 물었다면 그분의 대답은 의외로 단순할 듯싶습니다. '복음을 전하는 데 이유가 있나요?'라고 말입니다. 솔직히 나는 흉내라도 내고 싶었습니다. 날마다 새벽이면 청사 회의실에 불을 밝히고 찬송을 부르며 말씀을 나누고 기도하였습니다. 잠을 깨운 것입니다. 영적으로 잠들지 않게 깨우는 일도 그분의 몫이었습니다. 목회자도 아닌 분이 어쩌면 설교를 저렇게 잘하실까? 부러웠지만 따라갈 수 없는 영성이 강성인 분이었습니다. 그러다가 홀연히 떠난 분이기에 더 그리워집니다.

개소(開所)하여 한 달 남짓, 그해가 저물고 새해가 밝았습니다. 나는 한 편의 짤막한 칼럼을 다듬고 다듬어 일간지에 기고했습니다. 소망교도소가 잘 알려지지 않은 그때 고맙게도 그 신문 오피니언 편집장은 선뜻 원고 그대로 실어 주었습니다. 하나님의 뜻 가운데 세워진 소망교도소를 알리기 위한 목적이 컸습니다.

첫 민영 교도소 '소망교도소'의 새해 소망

"몸이 건강한 것. 지난날을 반성하며 새로운 꿈이 생긴 것. 더 많은 관심과 사랑을 받고 있는 것. 하루 세 끼 맛있는 밥을 먹을 수 있으며 진정 사랑이 무엇인지 깨닫게 된 것. 무엇보다

새사람으로 태어날 수 있는 기회와 변화될 수 있는 사람으로
인정받은 것”

한 수용자가 쓴 ‘내가 감사할 수 있는 스무 가지’에 나오는 얘
기다. 고아인 그는 여러모로 사회적인 약자였고 소외자였다.
어쩌면 그에게 범죄라는 일탈 행위가 당연하게 다가왔을 것
이다. 하지만 범죄는 어떤 명분으로도 정당화되어서는 안 되
며 마땅한 형벌이 따라야 한다. 그럼에도 교도관의 직무는 자
주 예외를 인정하지 않을 수 없는 상황에 직면해 있다. 흔히
‘죄는 미워도 사람을 미워해선 안 된다’는 금언도 그렇고 ‘법
보다 주먹이 가깝다’라는 말도 역설적으로 주먹을 다스리는
따뜻한 가슴을 의미하는 말인지도 모른다.

일전에 수용자들에게 ‘나는 누구인가’라는 주제로 그릇된 자
존감을 회복하는 데 도움이 될 만한 강의를 마치면서 “지금
내가 감사할 수 있는 이유”를 써 보라고 했다. 그리고 서로의
생각을 나누었다. 반응은 진지했다. 이 시대 급속한 변화의
물결 속에서도 변하지 않는 것은 지금 내가 살아 있다는 존
재가치이듯 ‘나’라는 말속에는 항상 ‘역지사지(易地思之)’의
‘너’가 포함되어 있다고 강조하였다. ‘나’와 ‘너’, 상대를 인정
하고 존중하는 관계성이야말로 사회공동체를 향한 첫걸음이
라는 생각이다.

지난해 말, 우리나라 최초의 민영 교도소인 소망교도소가 개소되었다. 개소하는 데 무려 15년이란 시간이 걸렸고 필자에게도 남다른 감회가 있었다. 이 땅에 기독교(개신교)가 들어와 초창기 병원이나 학교를 지었듯 이제 한국 교회도 자생적으로 기독교 정신에 입각한 교도소를 세워 소외된 자들에게 공동체 구원을 향한 한 틀을 마련한 것이다. 또 간과할 수 없는 사실은 우리나라 교정행정이 괄목할 만큼 발전하여 선진국 수준에 이르렀다는 점이다. 이런 바탕 위에서 민영 교도소가 가능했다고 믿는다. 앞으로 민영 교도소가 성공적으로 정착하기 위해서는 자체적인 부단한 노력도 중요하지만, 꼭 필요한 것은 수용자들에게 큰 사랑을 실천할 수 있는 전문가들의 참여 그리고 지속적인 사회적 관심일 것이다.

— 조선일보 2011.01.04. A33 오피니언〈독자칼럼〉

　최근에 나는 수용자들을 대상으로 공모한 아름다운 글귀, 간증문, 기도문 등을 심사라는 명목으로 면면히 살펴볼 기회가 있었습니다. "감사라는 안경을 쓰고 보면 내 삶의 모든 것이 소중한 선물입니다." 최우수상을 받은 아름다운 글귀입니다. 모두가 벗어날 수 없는 경구(警句)였습니다. 또 다른 간증문과 기도문도 참 순수하고 정직하게 다가왔습니다. 확실히 소망교도소는 직원과 수용자가 그리스도 안에서 공동체를 꿈꾸는 역동적인 복음의 사역장입니다. 알게 모르게 직원들이 복음의 빚진 자가 되어 선한 영향력을 끼치고 있습니다. 생명력 있는 복음 안에서 가능한 일입니다. 이 비전을 가슴에 품고 한마음으로 일했으면 좋겠습니다.

이번에는 직원들을 대상으로 신우회에서 캐치프레이즈(Catchphrase) 공모작들을 보게 되었습니다. 많은 직원들이 응모하였습니다. 너무 추상적이고 본질을 떠난 내용도 눈에 띄어 실망스럽기도 하였습니다. 하지만 내면에서 드러나는 주제는 역시 복음적인 가치관을 가진 게 역력하였습니다. 바라는 것은 소망공동체의 모든 지체 가운데 이 생명의 복음이 보편적인 직업 가치관으로 작용하는 것입니다. 마무리를 짓겠습니다. 이번에 입상한 작품 중에서 유독 돋보였던 굵고 선명한 표어가 메아리로 들려왔습니다. 고대하던 지표였습니다.

그렇습니다. '우리가 꿈꾸는 소망은 생명을 살리는 복음의 공동체'가 되어야만 합니다.

(2021.09.)

공동체가 나아갈 길 — 셋

— 교도관의 참스승

어느덧 〈공동체가 나아갈 길〉이라는 제목 아래 세 번째 쓰는 편지입니다. 첫 편지에서 보듯 누군가를 생각하며 '본받음'을 염두에 두고 쓰는 것입니다. 나는 입때껏 사십 년이라는 긴 세월을 교도관으로 일하면서 이름 없이 빛도 없이 자기 일에 충실한 동료들을 많이 보았습니다. 그들은 사심을 드러내지 않았고 참 신실한 교도관들이었습니다. 더욱이 그가 크리스천일 때는 더욱 돋보여서 나도 본받아야지, 하는 마음이 컸습니다. 동료 아닌 동지(同志)여서 존경심마저 일었습니다. 오늘도 결코 잊을 수 없는 존경하던 한 분의 모습이 잠잠히 떠오릅니다. 인자한 얼굴이라기보다 생각이 깊어 뵈는 참 따뜻한 얼굴입니다.

"예수님이 이 땅에 오시면 어디를 먼저 가실 것 같습니까?"

설교 중에 청중을 향해 던진 무거운 질문이었습니다. 무거운 만큼 쉽게 대답할 수도 없는 노릇입니다. 금세 답이 나오지 않자 이윽고 스스로 풀었습니다.

"십 오척 담장 안 교도소에 먼저 들어오실 것입니다. 왜냐하면 예수님 자신이 '나는 의인을 부르러 온 것이 아니라 죄인을 부르러 왔노라' 말씀하셨기 때문입니다."

내가 기억하고 있는 이정찬(李正贊) 목사님에 대한 일화입니다. 이 목사님은 연세대학교를 졸업하고 오랫동안 교도소에서 교화를 담당하는 교무과장으로 계시다가 말년에 홍성교도소와 의정부교도소, 인천소년교도소장을 끝으로 1984년 정년퇴임 하신 자랑스러운 선배 교도관이자 목사님이셨습니다. 나는 그분을 모시고 함께 근무한 적은 없지만 전국교정기관연합선교회 임원을 하며 여러 차례 뵙고 대화한 적이 있습니다. 그분을 생각하면 한마디로 갇힌 자를 향한 복음의 열정이 남달랐다는 것입니다. 무엇보다 크리스천 교도관을 아주 존귀하게 여겼습니다. 교도관이란 직분은 하나님이 부여하셨다는 믿음을 곧잘 드러낸 것입니다. 또한 학구적인 열의가 대단해서 책도 많이 펴냈습니다. 내게도 그분이 쓴 책 몇 권 남아 있습니다. 《한국교정교화사》, 《세계교정사》, 《한국교정선교회사》, 《교정복지학》, 《교도소선교 어떻게 할 것인가》와 회고록인 《내 인생 교도소와 함께》 등입니다.

초년 교도관 시절, 교도관의 직무 연수를 관장하던 법무연수원이 수원에 있을 때였습니다. 특강 시간이었는데 강사가 현직 소장이라고 해서 솔직히 큰 기대를 하지 않았습니다. 교육 내용까지 또렷이 기억은 못 하지만 분명한 것은 열정으로 강의를 하시던 모습입니다. 웃옷을 벗어 놓고 칠판에 핵심 키워드를 써 가며 목소리를 높였습니다. 매슬로우(Abraham H. Maslow's 1908~1970 미국의 심리학자)의 욕구 5단계설을 예로 들어 교도관이라는 직업의 가치가 얼마나 높은 단계에 있는 직업인지 강한 어조로 풀었습니다. 가장 높은 욕구인 '자아실현'은 다름 아닌 갇힌 이웃들에게 '복음 전파'를 통해서 이뤄지는 것임을 나는 깨닫게 되었습니다. 크리스천에게 이만한 직업이 없다는 결론에 이르렀고 아마도 내게는 소명적 직업관이 그때 심어진 듯싶습니다.

교정 관련 전문 서적이 없던 시절, 그분은 손수 책을 엮으셨습니다. 일본 교정 관련 책을 번역하여 최초로《현대 행형학》등을 발간하여 후진들에게 크나큰 유익을 주었습니다. 무엇보다 퇴임 후에도 사재를 털어 담안선교회, 한국교정선교회를 세워 본격적인 교정선교의 토대를 만들어 갇힌 자를 향한 하나님의 사랑으로 복음 전파에 일생을 바쳤습니다. 그리고 브라질의 휴마이터 교도소를 모델로 우리나라에도 기독교도소가 필요하다며 그 비전을 얘기하실 때는 덩달아 꿈이 부풀었습니다. 그 열매를 맺은 지도 벌써 십 년이 넘었으니 새삼스럽게 선각자인 그분을 더 존경하게 됩니다.

1990년대 중반 당시 전국교정기관선교연합회 회장인 신두남 장로님과 같이 은퇴하신 이정찬 목사님을 찾아뵌 적이 있습니다. 신 장로님이 말씀하셨습니다. 이정찬 목사님이야말로 '교도관 중의 교도관, 교도관의 참스승'이라고 말입니다. 서울 변두리 저층 허름한 아파트였습니다. 온통 빼곡한 책 더미에 둘러싸여 그때도 무슨 책을 집필하고 계셨습니다. 그러고 보니 두 분은 인생을 참 아름답게 마무리하신 분입니다. 이정찬 목사님은 마지막 육신마저 모교에 기증하셨는데 본받아 신 장로님도 그렇게 당신의 남은 육신까지 쓸모 있게 하고 마지막 사랑 나누기 헌신에 모범을 보여 주셨습니다. 교도관이기에 잠잠히 더욱 그리워지는 두 분입니다. 아마도 그분들은 지금 천국에서 하나님의 위로를 받고 계실 것이라고 저는 믿습니다. 확실히 나는 이 두 분을 통하여 지금 여기 믿음의 공동체인 소망교도소의 미래를 생각해 봅니다. 분명한 것은 진정 생명의 복음으로 역동하는 공동체를 이루어 나가야만 죄로 말미암아 죽은 영혼들이 살아난다는 사실입니다.

"지혜 있는 자는 궁창의 빛과 같이 빛날 것이요 많은 사람을 옳은 데로 돌아오게 하는 자는 별과 같이 영원토록 빛나리라. 다니엘 12:3."

(2021.12.)

공동체가 나아갈 길 — 넷

— 산을 이룬 그 소망

네 번째 편지를 씁니다. 앞으로 몇 번 더 이런 편지를 쓰게 될지는 모르겠습니다. 장담할 수 없는 처지이니 오늘은 더욱 정직하게 다가서고 싶습니다. '목적이 이끄는 삶'을 꿈꾼다면 신실(信實)한 사람이 그 푯대일진대, 겉과 속이 다른 모습은 이율배반이요 거짓인 까닭입니다. 그래서 본분(本分)을 생각할수록 두려운 생각마저 듭니다. 먹을 만큼 나이를 먹었어도 정정(正正)한 사리 판단을 못 하면 무너지는 인격(人格)이요 추한 꼴이 내 뒷모습이 될 것입니다.

염두(念頭)란 말이 있습니다. '생각의 시초'라는 뜻이지만 알아듣기 쉽게 '첫 마음'이 더 좋을 듯합니다. 또 초심(初心)이란 말도 '처음에 품은 마음'이지만 이 역시 '첫 마음'으로 고쳐 쓰는 것이 훨씬 더 가깝게 느껴집니다. 첫 마음은 첫사랑입니다. 생각할수록 첫사랑은 뜨겁기 마련입니다. 첫사랑이 식지 않기 위해서는 초심을 잃지 말아야 하고 늘 염두에 둘 일입니다. 그렇다면 나는 과연 지금 첫 마음을 잃지 않았는지, 첫사랑을 지키고 있는지, 그 질문이 오늘 네 번째 편지를 쓰는 연유입니다.

어느 틈에 나는 교도관이 된 지 사십 년이 훌쩍 넘었습니다. 연수(年數)는 나이가 그러하듯 결코 자랑할 게 못 됩니다. 분명 성숙과 책임의 가치가 따르기 때문입니다. 한 청년이 선택한 첫 직업이 교도관이었고 남편이 되었으며 두 아들의 아버지가 된 다음 마침내 세 손주가 할아버지로 부르기까지 의미 있는 세월을 보낸 것은 사실입니다. 솔직히 저는 조바심이 들고 있습니다. 더 잘 보낼 수도 있었는데 말입니다. 하지만 지난 세월은 분명 값진 의미요 놀라운 은혜입니다. 그러고 보니 오늘 편지를 받는 사람은 나 자신입니다. 나에게 쓰고 내가 읽습니다. 굳이 수신자를 명명한다면 속사람이라 일컫는 또 다른 나를 향하여 이 편지를 쓴다고 해야겠습니다.

연초 교육 시간에 나는 직원들에게 다소 엉뚱한 제안을 했습니다. 두 손을 펴서 자기 이름을 부르며 자기 가슴을 꼬옥 안아 보라고 하였습니다. 그러면서 다독거려 주길. "(기훈아) 지난해 수고 많았다. 올해도 잘해 보자, 잘 살아 보자." 일종의 자기 사랑법이었습니다. 자신을 먼저 사랑해야 이웃을 사랑할 수 있습니다. 살아가며 터득한 체험적인 깨달음이 순전한 바람(願)이고 싶습니다.

돌아보니 오롯이 은총 가득한 세월이었습니다. 그해 여름이 되기 전 어느 분이 소망교도소 개청 이야기를 하면서 자네는 독실한 크리스천이니 한자리에만 머물지 말고 한번 거기 가서 새롭게 일해 보라고 하였습니다. 그 평범한 권유가 어쩌면 사명(使命)이듯 부르심으로 듣게 될 줄 몰랐습니다. 돌아보니 나는 정직한 응답(應答)을 하였던 것입니다. 이제 내게 남은 날이 많지 않습니다. 남은 날, 첫사랑을 그리워하듯 첫 마음으로 일해야겠습니다. 아름다운 마무리는 아름다운 열매를 맺게 될 줄 믿습니다.

다음의 글은 벌써 2010년 그해 늦은 가을, 소망공동체를 꿈꾸며 개소를 준비하던 때 이야기입니다. 원주 치악산 명성수양관에서 동료들과 함께하던 어느 날의 일기입니다. 첫 마음을 돌아보던 그때가 그립습니다. 다시금 마음이 새로워지고 있습니다.

산을 이룬 그 소망

치악산 자락에 퍼지는 늦가을 고운 햇볕이 눈이 부시게 빛나고 있습니다. 아침마다 뒷산에 오르는 기분이 무척 상쾌합니다. 산길을 오를 때쯤 엄나무 굵은 가시에 섬뜩 놀라기도 하지만 차츰 계곡을 거슬러 오르다 보면 곧추 자란 잣나무 사이로 서늘한 산 공기가 가슴에 절로 스며들어 깊은숨을 들이쉽니다. 숨이 차지만 뜻깊은 이 찬송이 가슴속에 울려 퍼집니다.

"너의 가는 길에 주의 평강 있으리 평강의 왕 함께하시니 너의 걸음걸음 주 인도하시니 주의 강한 손 널 이끄시리 너의 가는 길에 주의 축복 있으리 영광의 주 함께 가시니……"

두란노아버지학교 5주차 수료식에선 어김없이 이 〈파송의 노래〉를 수료자들을 향하여 뜨겁게 불러 주곤 하는데 그때마다 나는 까닭 모를 눈물을 쏟곤 하였습니다. 어쩌면 이 땅의 허물 많은 남성, 아버지들에게 그 회복의 첫걸음을 축복하기에 흘리는 값진 눈물입니다.

저만치 고지 능선이 보이고 큰 나무로 자란 상수리나무에서 우수수 낙엽이 떨어집니다. 다투어 졸참나무, 갈참나무, 굴참나무, 떡갈나무, 작은 이파리 싸리나무, 산철쭉……, 활엽수 우거진 산길에는 겨울을 채비하는 낙엽이 수북수북 쌓여서 맨땅이 보이지 않습니다. 가을 산은 이 산 저 산 이미 단풍이 타올라서 이제 도무지 끌래야 끌 수가 없습니다. 정작 나도 이미 한 그루 나무가 되어서 두 손을 벌린 채 함께 타오를 수밖에요.

사랑하는 아내에게 문자메시지를 보냈습니다.
"치악산 늦가을 아침 햇살이 눈이 부시게 빛납니다. 당신 환한 웃음처럼."
아내는 단박 답신을 보내왔습니다. 여전히 교훈적입니다.
"수고 많네요. 새롭게 시작하는 일, 사명 따라 죽도록 충성하시기 바랍니다. 내 말보다 귀 기울이는 사람으로……."

솔직히 나는 지난여름, 적잖은 두려움과 설렘이 교차하는 감정의 굴곡에 빠져 있었습니다. 나름대로 삼십 년 가까이 정착한 안정된 일터에서 '떠남의 결단'은 그리 쉬운 게 아니었습니다. 그럼에도 정작 떠나라는 명령이 누구의 명령인지? 깨닫기까지 내 연약한 믿음을 탓하며 그동안 안온의 뿌리에 너무 깊이 얽혀 있었음을 고백하지 않을 수 없었습니다. 빛이신 그분의 부르심이 분명하였기에 더욱 그랬습니다.

사실 이번 소망교도소 직원 열린예비아버지학교를 하면서 나는 하나님의 급하신 마음(사랑)을 거듭 확인하고 얼마나 감사했는지 모릅니다. 소망교도소를 개청하기 전 수용자들보다 직원들에게 먼저 아버지학교를 체험케 하는 일이 시급했지만 엄두를 내지 못했고 다만 김성묵 국제운동본부장님을 통하여 '섬김의 사역'에 대한 특강이라도 듣고 싶었지만 그 일도 여의치 않았습니다. 하는 수 없이 다음 기회를 엿보고 있었는데 웬걸 본격적으로 소망교도소 팀에 합류하고 보니 이미 소망교도소 직원 예비 아버지학교가 극적으로 열리게 된 것입니다. 원주에서, 춘천에서, 제천에서, 영월 평창 정선에서 달려온 스무 명도 넘는 사역자들이 평일인데도 정성으로 섬겨 주는 놀라운 주님의 사역이 전개되었습니다. 무엇보다 감사했던 것은 직원 가운데 아버지학교를 체험한 김병용, 김연기 형제가 앞장서 이미 준비하였던 것입니다.

수료식에 달려와 열강을 한 김호민 형제는 "그들을 통해서 하나님의 간절한 소원을 보았습니다."라고 하였지요. 그 메시지는 여러모로 기도와 준비가 미약했던 나를 부끄럽게 하였지만 반면 새로운 꿈을 갖게 하였습니다. 그렇습니다. 이 땅에 처음으로 세운 민영 소망교도소는 우리나라 기독교의 자랑거리가 되어야겠습니다. 그러기 위해선 먼저 직원들의 남다른 헌신과 섬김의 열정이 뒷받침되어야 한다고 저는 믿습니다.

언제부턴가 내겐 소망교도소에 대한 비전이 새록새록 솟아나고 있습니다. '질서와 섬김의 공동체'를 이루어, 소망교도소라는 말뜻이 그러하듯 정말이지 '예수 꿈이 가득한 울타리'를 만들고 싶습니다. 물론 빛이신 그분의 도움이 필요하겠지요. 법이라는 말은 결국 '질서'와 다르지 않으니 표면으로는 견고한 질서를 세우고 내면으로는 직원과 직원 사이, 직원과 수용자 사이, 수용자와 수용자 사이에 거룩한 '섬김'이 있는, 이 얼마나 아름다운 동산인가요. 생각만 해도 이런 공동체의 지체인 것이 가슴 벅찹니다.

그래서 우리 소망교도소에는 싸움이 없어서 평안하고 아픔이 없어서 건강하며 거짓이 없어 믿음이 꽃피는 삼무(三無) 운동이 펼쳐지고 용서와 화해와 회복의 이념이 일반화되는 거룩한 믿음의 공동체로 발돋음하고 싶은 것입니다.
참 퇴직할 무렵 함께 근무하던 동료들이 아름다운 기념패를 만들어 주었습니다. 그 기념패 속에 시조 시인인 한 분이 아주 근사한 헌시(獻詩)도 새겨 주었습니다.

"비둘기 구구대는 십 오 척 담장 아래/ 메마른 영혼 가득 생명의 밀알 되었어라/ 다가가 돌아보면 내 형제요 내 이웃들/ 일으켜 쓸어안고 뜨건 눈물로 씻은 허물/ 거듭나 돌아가리라, 산을 이룬 그 소망"

(2022.03.)

공동체가 나아갈 길 — 다섯

— 인격이라는 무기

　다섯 번째 편지입니다. 이 편지도 상대를 특정하지 않은 일인칭 편지입니다. 다만 읽는 이로 하여금 '아! 그렇구나' 하는 마음속 넉넉한 끄덕임을 기대하고 있습니다. 하지만 염려되는 것은 역시 '자랑'이 될 듯싶어 조심스럽긴 합니다. 그럼에도 어쩌면 여기 소망공동체를 향한 지극한 바람(願)인 것만은 분명합니다.

　나를 '따르고' 싶어 하는 후배가 두엇 있었습니다. 따르다는 말은 본받고 싶다는 뜻입니다. 좋아하고 존경하며 가까이하고 싶은 마음을 그렇게 드러냈다고 볼 수 있습니다. 고맙기 짝이 없지만 과연 내가 그럴 만한 자격이 있는가? 스스로 묻지 않을 수 없습니다. 그래서 나는 웃으며 대답했습니다. 나보다는 더 훌륭한 선배들이 많으니 그들에게서 배우라고. 아니 예수님을 닮아야지 한낱 허물투성이인 데다가 약점이 많은 나를 본보기로 삼아선 안 된다고 말입니다.

　분명 전부가 아니라 일부를 보았을 것입니다. 사실 교도관이라는 직업은 스스로 의미와 가치를 찾고 복음적인 정체성을 세우지 않으면 쉬이 낙담하고 무너지기 쉬운 직업적인 약점이 있습니다. 익히 경험한 바입니다. 그래서 초년 교도관 시절부터 믿음의 크리스천 동료들과 형제애로 결속한 것이 '신우회' 활동이었습니다. 후일 신우회는 목적을 분명하기 위해 '선교회'로 발전하였고 전국적인 교정 기관 연합 선교회로 확장할 수 있었습니다. 초기 그 활동에 미력하지만 몇 해에 걸쳐 총무와 임원으로서 역할을 감당할 수 있었기에 큰 보람을 느꼈습니다. 이렇듯 '법무부교정선교회'는 크리스천 교도관들이 수용자들에게 복음을 전파하려는 우리나라 교정선교의 한 페이지였다고 볼 수 있습니다.

이는 마치 전도 소책자 4영리(四靈理)에 가운데 나오는 "아궁이에 여러 개의 나무토막을 넣으면 잘 타지만 하나씩 따로 떼어 놓으면 불은 꺼지고 맙니다."에 비유할 수 있습니다. 복음의 황금 어장에서 영적으로 고기를 낚는 일은 개인적인 사역도 중요하지만 그 어부를 거느리고 훈련하여 유능한 어부로 만드는 일도 큰 사명이었습니다. 더러 나는 믿음을 가지고 교도관이라는 직업을 선택한 뜻있는 후배들을 종종 볼 수 있었습니다. 생각할수록 고맙고 함께 사역할 수 있음에 든든하기도 합니다. 하지만 그들 역시 감당하기 어려운 갈등을 고백하고 선택의 갈림길에서 고민을 털어놓기 일쑤였습니다. 저 역시 그랬으니까요.

내 경우를 잠잠히 들려주곤 하였습니다. 나도 별수 없는 연약한 생계형 직업인에 불과했습니다. 그러다가 이왕지사 교도관이 되었으니 하나님 앞에 내 직업의 의미와 가치를 찾지 않을 수 없었고 수용자에 대한 복음적인 안목을 갖게 되면서 저들에게 용기를 내어 다가갈 수 있었노라고. 그러면서 개인적으로는 전도 수첩을 만들고 구령(救靈) 일기를 쓰며 전도에 정성을 쏟았습니다. 나아가 믿음으로 결속한 선교회를 통하여 효과적인 수용자 전도법을 토론하고 나눔을 하던 시절이 교도관으로서 누리던 은총의 시간이었습니다. 언젠가 선교회 표어 가운데 "복음을 전하고 월급을 받자!"라고 하였을 때 잔잔한 영적 파문이 일어나기도 했었으니까요. 아마도 이런 본질적인 사역이 어쩌면 '따르고' 싶어 하는 내 모습이 되었을 것이라는 생각이 듭니다.

그런데 중요한 사실을 잊어서는 안 됩니다. 복음은 인격이어야 합니다. 인품과 인격은 매우 중요한 본질입니다. 인품과 인격은 어감의 차이만큼 달리 볼 필요가 있습니다. 인품(人品)은 글자의 뜻에서 보듯 말(口)로 구성된 언어적인 요소가 큽니다. 나아가 인격(人格)은 말(口)과 글(文)까지 포함하고 있지만 뿌리가 깊어 열매 맺는 나무(木)처럼 성장은 물론 성숙을 뜻하는 전인적인 인격체로 가늠할 수 있습니다. 성숙한 인격체를 이루어 복음을 전파해야 한다는 것입니다. 이를테면 하나의 보기로 크리스천 교도관일수록 무엇보다 근무에 소홀함이 없어야 한다는 뜻으로 받아들이면 좋겠습니다.

몇 가지 크리스천 교도관의 덕목을 정리해야겠습니다. 먼저 영혼을 사랑하는 열정으로 개인 전도의 기회를 넓히십시오. 전도는 영혼을 살리는 일입니다. 그 방법은 철저히 인격적이라야 합니다. 인격은 예수님이 가르쳐 주신 온유와 겸손입니다. 끝까지 참고 기다리십시오. 참고 기다림은 성령의 열매입니다. 바라건대 이런 거룩한 사역(使役)이 날마다 때마다 순간마다 여기 소망의 동산에 일어나길 간절히 기도합니다.

오늘도 짧지 않은 이 주제넘은 편지를 마무리하며 내가 그리스도인임을 다시금 깨닫게 하고 견고하게 한 법정(法頂) 스님이 쓴 에세이 마지막 구절에 나오는 말씀을 인용하고자 합니다. 이교도인 법정 스님도 이 말씀을 외우고 묵상했다고 기록했더군요.

하느님을 사랑한다고 하면서 자기의 형제를 미워하는 사람은 거짓말쟁이입니다. 눈에 보이는 형제를 사랑하지 않는 자가 어떻게 보이지 않는 하느님을 사랑할 수 있겠습니까?

— 요한일서(공동번역) 4:20, 법정《산방한담》,
〈종교와 자유 정신〉 마지막 구절

(2022.03.)

공동체가 나아갈 길 — 여섯

— 성실(誠實)에 관한 소고

군대 시절 이야기입니다. 유머 있고 행동거지에 박력이 넘치는 고참이 있었습니다. 나는 굳이 선배라 말하지 않고 그냥 고참으로 부르는 것은 그 시절의 추억에 더 가깝게 다가서고 싶기 때문입니다. 운전병인 그는 사고 예방을 위해 여러모로 후배들을 챙겨 주는 인간미도 남달랐습니다. 그러면서 틈틈이 자기 자랑도 했습니다. 유독 그의 자랑 가운데 기억나는 게 있습니다. 출신 고등학교가 서울의 신일고등학교였습니다.

"우리 학교 교훈이 뭔지 알아?"

알 턱이 없습니다. 더욱 신이 나서 학교 자랑을 늘어놓곤 하였는데 당시 고교야구로 유명세를 타던 학교였던 터라 이름이 알려진 자기 학교 출신 선수들을 줄줄이 자랑하더니 이번에는 교훈까지 들먹였던 것입니다. 한두 번이 아니었기에 나는 제대한 지 40년이 넘었어도 그 교훈을 잊을 수가 없습니다.

"믿음으로 일하는 자유인."

교훈이 참 멋있었습니다. 미션스쿨인 것을 알고는 있었지만 교훈까지 드러내는 신앙적인 목적이 특별하게 다가왔습니다. 내 반응이 사뭇 진지하게 보였던지 그는 내게 더욱 친근한 고참 행세를 했습니다. 싫지 않았습니다. 후일 그가 먼저 제대하면서 휴가 나오면 자기 집에 놀러 오라고 하여 나는 그 약속을 지켰습니다. 정릉 어느 언덕 배기에 그의 집이 있었는데 단박 알 수 있었던 것은 그리 넉넉하지 않은 살림에다가 일찍 결혼하여 아내와 사는 모습이 매우 소박하고 행복해 보였습니다. 그럼에도 후배를 대접하고 싶어 하는 순수한 모습이 여간 감동을 주는 게 아니었습니다. 고기가 아닌 무슨 소시지를 구워 주었고 고기보다 더 맛있게 먹었습니다. 지금도 그리운 선뱁니다. 그는 확실히 믿음으로 일하고 자유로운 영혼을 꿈꾸는 넉넉한 인생의 선배이기도 하였습니다.

언젠가 직장에서 새로 온 젊은 직원이 마침맞게 신일고등학교 출신인 줄 알게 되었고 반가운 나머지 단박 물었습니다. "자네 학교의 교훈을 기억하고 있나?" 주춤거리며 대답하지 못하는 걸 보고 내가 그 교훈을 바로 알려 주었더니 예의 놀라는 표정이었습니다. 전혀 관계성이 없는 직장 선배가 자기 모교의 교훈을 알고 있다니. 놀라는 게 당연하였을 것입니다. 아무튼 그 학교의 교훈이 이렇듯 내게 긍정적으로 작용하고 있으니 여간 유익하고 흥미로운 일이 아닐 수 없습니다.

그러고 보니 내 모교의 교훈도 생각납니다. 어쩌면 밋밋한 상식에 불과한 교훈입니다. 하지만 내게는 소중한 가르침이어서 알게 모르게 가슴에 담고 살아가는 듯싶습니다. 충청남도 태안반도에 자리한 내 모교의 교훈은 자율, 근면, 건강입니다. 혹시 교훈이 바뀌지 않았나 싶어 검색해 보니 여전히 변함없이 그 교훈이 홈페이지에 드러나 있었습니다. 그리운 추억이 밀려옵니다. 그 시절 간간이 아련한 아픔이 깃든 추억도 있었습니다. 사실 내 모교는 중고등 병설학교여서 6년 동안이나 그 울타리를 벗어나지 못했습니다. 교실 앞 벽면에 굵을 글씨로 액자에 담긴 교훈은 어쩌면 내 인생의 가치관으로 자리 잡고 있다는 생각이 듭니다. 스스로 풀이해 보는 것은, 성숙한 자유 의지가 자율이고 근면해야 맡은 일을 넉넉히 감당할 수 있으며 무엇보다 건강한 인생의 주인공이 더불어 사는 행복을 누릴 수 있을 것입니다. 그렇게 살아왔으니 남은 삶도 그렇게 살아갈 것입니다.

그런데 이 표면적인 가르침보다 정작 내게 더 소중한 교훈이 하나 아로새겨져 있습니다. 입때껏 내 가슴에 살아 있는 교훈입니다. 중학교 일 학년 때로 기억합니다. 담임선생님이 갑작스럽게 무슨 일이 있었는지 결근을 하셨고 느닷없이 교감선생님이 교실에 들어오셔서 한 시간 수업을 진행하셨습니다. 일종의 특강인 셈입니다. 예의 인자한 얼굴로 남색 칠판에 백묵을 집어 '성실'이라는 두 글자를 크게 쓰셨습니다. 이내 뜻을 풀어 주시면서 "참되어 정성스럽고 거짓이 없음"을 힘주어 말씀하셨습니다. 코흘리개를 벗어난 그즈음 나는 성실이라는 말의 뜻을 모르고 있었습니다. 이어 들려준 교감선생님의 이야기는 잊었지만 '성실'이란 두 글자는 오롯이 내 가슴에 새겨졌습니다. 진정한 가르침이 되었습니다. 후일 알게 된 것은 그 교감선생님은 같은 반 친구의 아버지이기도 하였습니다. 학창 시절을 기억하는 그 어떤 추억보다도 금쪽같은 장면이 아닐 수 없습니다.

성실한 사람이 되고 싶습니다. 아니 성실하게 살고 싶습니다. 더욱이 그리스도인은 하나님의 보편적인 속성이 성실임을 명심해야 합니다. 세상에 소금과 빛으로 사는 것이 성도의 본분일진대 그 삶의 기본은 성실입니다.

"내가 주를 바라오니 성실과 정직으로 나를 보호하소서. 시편 25:21."

"작은 일에 성실한 사람은 큰일에도 성실하고 작은 일에 정직하지 못한 사람은 큰일에도 정직하지 못하다. 누가복음 16:10. 현대인의 성경."

(2022.04.)

공동체가 나아갈 길 — 일곱

— 야구에서 배운다

　야구를 좋아합니다. 하긴 제일 인기 있는 스포츠가 야구인 듯하니 나 또한 그 한 사람입니다. 다른 스포츠도 마찬가지이지만 야구는 미국 선교사로부터 전래되어 짧은 역사 가운데 우리나라에 보편적인 운동으로 자리 잡았습니다. 더구나 야구는 올림픽 정식종목으로 채택된 이래 2008년 베이징 올림픽에서 당당하게 전승으로 금메달을 땄고 온 국민에게 큰 기쁨을 안겨 주었으니까요.

　야구는 참 매력이 있습니다. 보통과 다른 마름모꼴 운동장에서 한 팀 아홉 명이 각자의 역할 분담이 확연합니다. 야구는 투수 놀음이라고는 하지만 투수 혼자만 잘해서는 결코 이길 수 없습니다. 아홉 번의 공격과 수비를 하는 과정이 매우 흥미롭습니다. 순서에 따라 선수 개인에게 골고루 기회가 찾아옵니다. 무엇보다 야구는 개인보다 조직이 중요합니다. 개인의 실수가 패배의 빌미도 되지만 개인의 투혼이 승리의 발판이 되기도 합니다. 운동장에서 유니폼에 흙이 많이 묻을수록 그 선수의 활약은 두드러지기 마련입니다. 그가 흘린 땀은 결국 승리라는 아름다운 열매를 거두게 합니다. 홈런을 날리지 못했어도 몸을 날린 수비 하나로 승리를 지켜 내는 아름다운 장면은 뜨거운 감동을 자아냅니다. 그렇습니다. 승리를 위한 조건은 자기 본분에 충실한 것입니다.

벌써 까마득한 추억으로 자리 잡았습니다. 비번 날, 동료 몇 명이 어울려 잠실 야구장에 갔습니다. 1982년에 프로야구가 출범하였고 나는 바로 앞선 1981년에 교도관이 되었습니다. 그 이전에는 우리 나라에 고교야구가 대단한 붐이 일어났기에 그 열기는 자연스럽게 프로야구로 이어졌다고 봅니다. 녹색 다이아몬드 운동장에서 펼쳐지는 선수들의 몸놀림은 짜릿한 전율을 느낄 만큼 열광의 도가니로 만들어 주곤 하였습니다. 내가 응원하는 OB 베어스에 박철순이라는 선수가 있었습니다. 후일 최동원, 선동열 같은 불세출의 선수가 등장하기도 하였지만 당시에 박철순 선수는 가히 으뜸 선수였습니다. 일찍이 미국에 건너가 MLB 무대에서는 이름을 날리진 못하였어도 기본기와 선진 야구를 익혀서 우리나라 초창기 프로야구 발전에 크게 기여한 선수입니다. 유연한 투구 동작과 긴 머리칼을 휘날리며 투수로서 품위가 남달랐습니다. 첫해 22연승이라는 대기록을 세우면서 24승을 거두었고 그 후 잦은 부상에 시달리면서도 불사조처럼 우뚝 서서 아름답게 마무리한 선수입니다.

야구장에서 처음 파울볼을 주웠던 기억은 특별합니다. 그날은 내가 응원하던 OB 베어스와 롯데자이언츠가 잠실 운동장에서 경기하던 날이었습니다. 롯데 선발투수는 최동원 선수여서 이기기는 틀렸다고 지레짐작하였고 아니나 다를까 여지없이 지고 있는 터라 슬그머니 자리에서 일어나 나가는 문으로 향했습니다. 그 순간 OB 베어스 유격수인 유지훤 선수가 최동원의 강속구를 받아쳤는데 파울볼이 되면서 그 공이 날아 바로 내 앞에 떨어졌습니다. 파울볼을 차지하는 행운이 내게 찾아온 것입니다. 때 묻은 공을 볼 때마다 선수들이 승리를 위해 땀을 흘리던 진실을 헤아리게 됩니다.

정작 내가 야구장에서 느끼던 꿈이 있었습니다. 어린 자녀들과 함께 야구장에 나온 젊은 부부들이 참 부러웠습니다. 나는 언제쯤 저런 꿈을 이룰 수 있을까? 멀게만 느껴지던 꿈이었습니다. 그러다가 마침내 결혼하여 두 아들을 거느리게 되었고 여름방학이면 야구장을 찾아 같이 소리 지르며 응원하게 되었습니다. 녀석들은 자연스럽게 아버지가 응원하던 팀을 응원하고 있으니 격세감이 큽니다.

세월 지나 어느덧 두 아들은 결혼하여 손주가 넷이나 되었으니 나는 이제 손주 손을 잡고 야구장에 갈 날이 바투 다가온 것입니다. 멀지 않은 날, 손주와 야구장에 갈 꿈이 부풀고 있습니다. 생각할수록 기쁘고 설레는 일입니다.

(2022.04.)

공동체가 나아갈 길 — 여덟

— 유능제강(柔能制剛)

(여덟 번째 편지는 아픔과 보람이 스민 아주 오래된 교도일지가 되는 셈입니다. 벌써 이십 년이 넘은 '유능제강'이라는 이 글은 제목만으로도 소망공동체 가운데 조금은 길잡이가 될 거라는 소박한 믿음이 있기에 옮깁니다. 1999년.)

나는 지난해 여름부터 올봄까지 길지 않은 날 근무 여건이 가장 열악한 구치소 미결수 특별사동(特別舍棟) 근무를 성공리에 마쳤다.

이 근무지를 굳이 특별사동이라 스스로 명명하는 것은 그만한 이유가 있어서다. 원래 대부분의 사동이 혼거용이면 혼거실, 독거용이면 독거실로 지어지기 마련인데 이 특별사동은 가운데 복도를 중심으로 한편은 스물아홉 개의 독거실, 또 다른 편은 열 개의 혼거실이 서로 맞댄 구조였다. 이런 구조물이다 보니 정상적인 햇볕이 들어올 리 만무하고 낮에도 어둠침침하여 분위기조차 가라앉기 십상이었다.

더구나 독거실에는 조사자와 징벌자, 정신질환자, 성격 특이자 등이 수용되어 있고 혼거실 또한 아직 수용 생활에 익숙하지 못한 신입자 수용자들로 전체 인원은 무려 백오십 명이 넘었다. 정상적인 수용자들도 이 정도의 인원을 관리하자면 격무일진대, 여기는 그야말로 담당 교도관의 탁월한 능력을 요구하는 근무지라고 해도 결코 과언이 아니다. 그러기에 나는 자조 섞인 푸념으로 교도관으로서 반드시거쳐야만 하는 혹독한 훈련기라고 애써 의미를 부여하지 않을 수 없었다.

한 가지 더 어려웠던 점은 차라리 일반 사동과도 같이 사흘에 한번씩 3교대로 근무하면 그런대로 참아 낼 수 있으련만, 어려운 근무지라고 해서 야근을 면제해 주는 대신 매일 아침 개방 시간에 맞춰조출하면 저녁 폐방점검(閉房點檢)이 종료된 뒤라야 비로소 안심하고 퇴근하게 되니 그 일상은 오히려 힘들다 못해 고독할 지경이었다.일과도 따져 보면 잠시 자리에 앉아 있을 수도 없는 무려 10시간이넘는 육체적, 정신적인 노동이어서 엔간한 체력으론 감당하기 어려웠다.

그렇게 근무한 지 두 달 만에 몸무게는 무려 4㎏이나 빠졌고 정작몸무게가 빠지는 것보다는 정신적인 스트레스가 이루 말할 수 없었다. 하루에도 시시각각으로 변하는 수용자들의 요구는 납득하기 어려웠다. 관규를 지키기는커녕 수용 질서를 빈번하게 어지럽히는 행태에 대하여, 바로 잡는 능력의 한계를 절감하던 순간이 한두 번 아니었다. 불현듯 어디론가 훌쩍 도피(?)하고 싶은 절박한 심정이 자주 일었다. 그렇다고 '도저히 감당할 수 없으니 근무지를 바꿔 주십시오'라고 상급자에게 요청하기에는 내 자존심이 허락하질 않았다.누군가는 해야 할 일이고 그 일을 나에게 믿고 맡긴 것이니 마땅히 감당할 몫이었다. 어차피 교도관으로 내디딘 발걸음 이만한 시련쯤은 능히 감당해야지 하는 오기도 생겼다. 그러기에 폐방 점검을 끝내고 퇴근길에 나서면 동료들마저 '수고'라는 말 대신에 "고생이 많았군요!" 진심으로 격려해 주는 말이 여간 고맙지 않았다.

확실히 그런 격려는 힘이 된다. 내 인내와 땀의 수고가 함께하는 이들에게 평안과 유익이 된다면…! 징벌자들은 징벌자 나름의 고충을 토로하고, 혼거실에서도 예의 자신의 모난 성품을 드러내며 불화를 일으키는 성격 특이자들이 많아서 그 고충을 들어주고 해결해 줘야만 했다. 무엇보다 신경을 곤두세우고 예민하게 돌보지 않을 수 없는 이들은 기본 생활조차 추스르지 못하는 정신질환자들이었다. 이들에겐 관심만으로 해결되지 않아 직접 행동으로 접촉할 수밖에 없었다. 이를테면 더러운 몸을 씻어 주고 거실 정리까지도 도와주어야만 하는 실정이어서 때로 돌발 사태에 신변의 위험도 느끼지 않을 수 없는 노릇이었다. 급기야 지난 9월에는 유해화학물질을 상습 흡입한 어느 소년 수용자의 더럽힌 옷을 갈아입혀 주려다가 느닷없는 공격에 앞니를 다치고 자빠지는 일이 있었다. 아픔이 컸다. 그럼에도 이 버거운 특별사동 근무를 하며 끝까지 다짐하던 마음속 '약속'이 있었다.

사랑과 진실은 통한다! 법보다 가까운 건 주먹이지만 주먹을 이기는 건 사랑이다!
또 교도관 직무의 철칙처럼 생각하고 싶은 이 한마디, '유능제강(柔能制剛)'이란 경구였다.

그렇다! 부드러움이 강한 것을 능히 이긴다. 그래 더욱 부드러워지는 교도관이 되고 싶은 것이다. 성경에도 사도 바울은 "약할 때가 곧 강함"이라는 고백을 하였다. 부드러워질 수 있을 만큼 부드러워지고 약해질 수 있을 만큼 약해져서 진정한 사랑을 드러낼 수만 있다면, 교도관은 결코 외롭지 않으리라.

"나의 힘이신 여호와여 내가 주를 사랑하나이다. 시편 18:01."

(2022.04.)

공동체가 나아갈 길 — 아홉

— 사무사(思無邪)

아홉 번째 편지의 주제는 저에게 조금은 벅찰 듯합니다. 예의 글쓰는 이들에게 마음 깊이 되새기는 말이 있습니다. '문여기인(文如其人)'이라는 익은말입니다. 풀자면 '글과 사람은 같다, 글은 바로 그 사람이다.'라는 뜻입니다. 그만큼 글은 고상한 가치를 지녔습니다. 글을 통하여 글쓴이의 인품 곧 인격이 드러나기 마련입니다.

사무사(思無邪)라는 말을 처음 들은 것은 젊었을 때였습니다. 기독교 시인이자 어느 대학 교수인 A 교수님께 편지를 썼습니다. 자신을 소개하며 시를 좋아하는 교도관이라고 했습니다. 은연중 가르침을 받고자 하는 속마음을 담았습니다. 그분에게 큰 매력을 느꼈던 것은 어떤 칼럼에선가 촛불을 켜고 시를 쓴다는 얘기를 듣고 그 '진실함과 경건함'이 각별하게 다가왔던 것입니다. 답장이 왔습니다. 당신의 작품이 실린 문학지 한 권과 친필로 사무사에 대한 설명을 곁들인 짤막한 내용의 답신이 여간 고마운 게 아니었습니다. 격려는 큰 용기가 되었습니다. 시를 쓰는 이의 바른 마음과 태도를 그렇게 깨닫게 된 것입니다.

사무사(思無邪)를 지식백과 사전에서 찾아보면 '생각이 순수하고 나쁜 뜻, 사특함이 없음'을 일컫는 말입니다. 원래 《시경(詩經)》에 나오는 말로 출전(出典)을 다 열거할 수 없지만 요약하면 공자는 인간의 순수한 감정이 담긴 시를 읽음으로써 바른 본성을 찾게 하고 생각에 못된 마음이 없게 효용을 가진다는 점에서 '사무사'라는 뜻이 강조되었다고 봅니다. 정리해 보면 성정(性情)이 올발라서 간사하고 악독한 마음이 없는 상태를 사무사라고 나름 정의해 보았습니다.

다른 직업도 마찬가지이겠지만 교도관은 본질적으로 사무사를 꿈꾸는 직업이라고 생각합니다. 교정(矯正)이라는 말속에 그 깊은 뜻이 담겨 있습니다. 성경적으로 보아도 사람은 다 불완전하기에 죄를 지을 수밖에 없고 죄에 대한 구속(救贖)의 진리는 복음 중의 복음입니다. 이런 바탕에서 일하는 소망공동체 사역자들은 진정한 교정인(矯正人)이라고 여겨집니다. 교도관이기에 특별하게 다가온 금언이 있습니다. "죄는 미워도 죄인은 미워하지 말라.(Hate the sin, not the sinner.)" 성 어거스틴의 말로 알려져 있습니다. 하긴 이 말의 원류는 복음서에서 "…나는 의인을 부르러 온 것이 아니요 죄인을 부르러 왔노라…. 막 2:17." 말씀하신 예수님의 마음을 드러냈다고 볼 수 있으니 결국 성경적인 가르침입니다.

저는 이제 곧 교도관을 마무리할 때에 이르렀습니다. 생각할수록 사십 년이 넘는 세월 동안 나날이 은총이었다고 고백하지 않을 수 없습니다. 이천삼 년으로 기억합니다. 그 앞선 해 늦가을 구치소 앞뜰에 제법 굵은 모과나무 한 그루를 심었습니다. 직원들의 성금을 모아 심어졌으니 몸값이 꽤 비싼 나무였습니다. 나는 그 모과나무에 물도 주고 말없이 돌보았습니다. 옮겨 심은 나무라서 새 뿌리를 뻗고 잘 살아나 꽃을 피우리라 적이 기대하며 말입니다.

이런 지극한 바람에 어긋나지 않게 모과나무는 앙증맞은 꽃을 피웠습니다. 그렇게 친구가 된 모과나무가 무척 사랑스러웠습니다. 틈틈이 모과나무를 바라보며 나는 한 편의 시를 쓰기 시작했습니다. 아무리 다듬어도 졸작(拙作)을 벗어나지 못하겠지만 6개월 동안 시 한 편을 가슴에 품고 어루만지는 투사(投射)였던 지라 모과나무가 기쁘게 응답했나 봅니다. 그해 가을 교정의날 법무부 현상문예에 응모하여 당당히 최우수상을 받았으니까요. 당시 나는 적지 않은 무기수 형제들에게 '민들레편지'라는 쪽지를 만들어 매달 보내는 일을 기쁨으로 감당하고 있었습니다. 한편 그 무기수 형제들을 생각했던 것입니다.

같이 응모한 수필 부문에서도 〈마리지 고개〉라는 내 작품이 최우수작으로 인정받았지만 주최 측이 시 한 부문만 시상했어도 나는 서운하지 않았습니다. 생각해 보니 모과나무에 꽃이 핀 것은 오로지 은총의 산물이었습니다. 모과나무는 송이송이 작은 꽃으로 거짓 없는 생명의 향기를 퍼뜨리고 진실이라는 탐스러운 열매를 맺기까지 참 아름다운 역사를 이루었던 것입니다. 소망공동체를 통하여 그러한 일들이 날마다 일어나길 간절히 소망합니다.

모과나무에 꽃이 피었다

최기훈

구치소 앞뜰의 모과나무는
나를 닮았다
제 살던 집을 떠나
겪어온 세월이 모진 아픔이라 해도
차마 눈물조차 보일 수 없었다
모진 설움이라 해도
진한 숙명의 제 그림자였다
얼마나 고단했을까
얼마나 외로웠을까
멀쩡한 두 다리 꺾이고
남은 뿌리 새끼줄에 칭칭 매여
욕된 주검이듯 낯선 땅
외진 모퉁이에 머물렀다
한목숨 숨죽여 살라고 다독이던
아련한 산 어미의 젖은 목소리
이적지 귓가에 묻어 있는데
눈비 내리면 눈비에 젖고
바람 불면 바람에 흔들리다가
아, 다시 살 수만 있다면

불꽃같은 욕망이 목젖을 짓눌렀다

가슴 아리게 되우 서러운 날

발가벗은 몸둥이에

한 아름 따순 햇살이 비칠 때

큰 부끄러움에 속살 간지러워

내 속 실핏줄이 불거졌다

추억은 가슴에 새기고

행복은 마음에 머무는 법

비록 남은 날을 셈하지 못한다 해도

절망의 그늘이 푸른 하늘을 감출 수 없듯

여기 살아있음으로 해서

꽃을 피울 수만 있다면

내 안의 향기는 아기 손톱만 한

연분홍 꽃망울에 다 담을 수 없었다

보일 듯 말 듯 흐드러지게 핀 꽃들이

우수수 지상에 떨구던 날

다시금 숨이 멎을 듯하여

내 안의 향기는 차라리

뜨거운 눈물이었다

순정이었다

이 얼마나 당찬 수태냐

(2003 교정의날, 법무부 현상문예 최우수작 / 2022.04.)

공동체가 나아갈 길 — 열

— 뿔이 되지 말고 뿌리가 되자

떡잎이 너무 오랫동안 줄기에 붙어 있었습니다. 십일 년 하고도 꽤 여러 달이 지났습니다. 소망교도소 아니 아가페랜드 소망공동체가 척박한 이 땅에 뿌리를 내리고 지나온 나날입니다. 떡잎은 자엽(子葉)이라고도 불리는데 식물의 처음 잎사귀입니다. 떡잎은 식물이 자라는 데 큰 역할을 하고는 슬그머니 빛이 바래 조용히 땅에 떨어져 시들고 곧 사라지고 맙니다. 떡잎의 역할을 마친 것이지요. 정말 나는 그 떡잎의 본분을 다했는지 부끄러운 마음이 큽니다.

바라건대, 소망교도소는 '질서와 섬김의 공동체'로 날마다 거듭나길 기도합니다. 나는 사실 소망교도소에 오기 전부터 이 복음적인 공동체를 꿈꾸었습니다. 이 정체성만이 기독교도소를 이루고 가꿀 수 있는 본질이기 때문입니다. 복음이 무엇입니까? 허물과 죄로 죽었던 몸과 영혼이 생명의 진리 가운데 다시금 새로이 거듭나게 하는 능력입니다. 말 그대로 '영과 육을 살리는 공동체 운동'이 여기 소망의 동산에서 일어나길 간절히 바라고 있습니다. 그 길만이 주님께서 원하시는 꿈을 이룰 수 있습니다. 우리를 이끄시고 도우시는 분은 전능하신 하나님이십니다.

그 길로 가지 못하면 공동체는 변질되고 소용없는 전국 54개 교정

기관의 하나에 머물고 말 것입니다. 소망교도소의 태동은 분명 하나님의 뜻 가운데 이루어졌습니다. 수많은 성도의 기도와 헌신이 있었기에 가능한 일이었습니다. 11년이 지난 지금 나름 뿌리를 내리고 틀이 짜여졌습니다. 이 공동체가 성숙하지 못하고 특별하지 않으면 점점 그 가치를 잃게 됩니다. 역할을 다하지 못하면 빛을 잃는 것이고 또 짠맛이 없는 소금처럼 밖에 버려져 밟히지 않을까 두렵기도 합니다. 언젠가 한 수용자가 은근하면서도 정직한 가르침을 준 적이 있습니다. 칭찬이었지만 충고처럼 가슴에 아로새기게 되었습니다.

"소망 직원들은 왠지 생계형 교도관이 아닌 것 같습니다. 참 친절해요. 믿음이 좋은 분들이고요. 배우고 느끼는 게 많습니다."

사실 생계형 교도관이라는 말에 적이 뜨끔했습니다. 이 말속에는 어쩌면 생계형 직업에 머물지 말라는 역설(逆說)이 포함되었기 때문입니다. 과연 우리 온 직원 가운데 그 수용자가 말한 신실하고 사명 따라 일하는 교도관이 몇 명이나 될지 스스로 묻지 않을 수 없었습니다. 직업은 소중합니다. 소중하다는 뜻은 사명(使命)이라는 말과 다르지 않습니다. 굳이 캘빈의 직업 소명론을 빗대지 않더라도 크리스천의 직업은 일 자체가 가치이며 목적입니다. 그 일을 하도록 맡겨주신 분이 분명하기에 더욱 그렇습니다.

돌아보면 지난날 저의 교도관 생활은 은총이었습니다. 그렇지만 사람인지라 때로는 우울했습니다. 답답했습니다. 슬프기도 했습니다. 서운하기도 했습니다. 상처를 입기도 했습니다. 눈물도 흘렸습니다. 돌아보면 이 모든 감정은 내 중심이었기 때문입니다. 바꾸어 생각하면 당한 게 아니라 나로 인하여 이런 아픔의 덩어리를 너에게 안겨 준 적도 분명히 있었습니다. 직원과 수용자들에게 그리스인으로 합당한 말과 행동으로 마주했는지, 돌아보지 않을 수 없으며 생각할수록 무거워집니다. 하여, 진심으로 용서를 빕니다. 이기적일 수밖에 없는 연약한 인간, 냄새날 수밖에 없는 미욱한 인간이기에 이제부터라도 버릴 것 버리고 나눌 것 나누며 내 남은 삶 가운데 복을 누리며 살아갈 수 있기를 바라는 마음 간절합니다.

이제 이 '공동체가 나아갈 길'이라는 의미 있는 열 번째 편지를 마무리할 시점에 이르렀습니다. 공동체를 인식할 때마다 염두에 두는 경구가 있습니다. 오래전 청년 시절 저를 지도하셨던 H 목사님이 장로 임직 때 축하하러 오셔서 제게 주신 권면은 십수 년이 넘었어도 입때껏 귓전에서 메아리치고 있습니다.

"뿔이 되지 말고 뿌리가 되십시오."

뿔은 무기가 되어 자신을 보호할 순 있어도 결국 자신과 이웃에게 상처를 주기 십상입니다. 공동체의 결속은 뿌리를 통해서 이루어지고 튼실한 가지와 잎사귀를 펼쳐 꽃을 피우며 아름다운 열매를 맺게 하는 것입니다.

가까운 날에 듣고 큰 은혜가 된 또 다른 유익한 말씀도 소개합니다. 청빈한 생활로 마지막까지 성경의 가르침대로 살고자 애쓰며 목회자로 본이 되셨던 부산 수영로교회 정필도 목사님의 일화입니다. 그분의 유언처럼 알려진 굵고 짧은 이 메시지가 크게 들려옵니다. 현대를 사는 크리스천들에게 산 교훈이 아닐 수 없습니다.

"적당히 살지 말고 믿음으로 사십시오."

저도 그동안 한 몸을 이루었던 사랑하는 지체들에게 진심으로 말씀드립니다.

"소망공동체의 주인공인 여러분, 적당히 일하지 말고 믿음으로 일하십시오."

(열 번째 맺음 글입니다. 그동안 유심히 읽어 주시고 또 정성스러운 댓글로 사랑을 표현하여 주신 여러분께, 고맙고 고맙습니다. 사랑하고 사랑합니다. 주님의 평안과 복을 빕니다.)

(2022.05.)

공동체가 나아갈 길 — 열하나
— 관계가 힘들 때는 사랑을 선택하라

(한 편 더. 반성문으로 여겨 주길 바라며.)

나는 참 오만했다. 내 옳음을 드러내려고 상대방의 그름을 들추고 말았다. 그렇게 되면 내 옳음이 정당해도 억지가 되고 상처뿐인 영광도 아닌 회복이 필요한 상처를 남긴 꼴이다. 마음의 상처는 '미안하다'라는 말 한마디로 쉽게 치유되지 않는다.

이순(耳順)도 한참 지났다. 이순은 순리에 거스르지 않는다는 예순의 나이를 일컫는다. 진정한 나잇값을 하라는 뜻이다. 살아갈 날이 살아온 날보다 훨씬 적은 까닭이다. 그럼에도 미처 깨닫지 못했으니 모순의 주인공은 나였다.

역지사지(易地思之)는 알찬 교훈이다. 현실적이고 구체적인 금언이다. 뜻에 비추어 내 모습은 머리로만 알고 몸은 느끼지 못하고 있는 게 분명하였다. 언젠가 우리가 처한 삶의 자리에서 역지사지를 염두에 두고 일하자고 그럴듯한 교육도 했다. 하긴 교도관이 수용자의 입장에 서 본다는 생각만으로도 벅찬 일이다. 하지만 그 마음 자체가 지극하고 본질에 이르는 긍휼(矜恤)이다. 본디 하나님의 마음에 다가서는 일일 터다.

짧은 말 한마디가 큰 파문을 일으킨다. 그래서 동서고금 나라마다 고유한 속담이 있고 격언이 있다. 진리처럼 빛나는 금언이기도 하다. 이를테면 "말 한마디로 천 냥 빚을 갚는다"는 속담은 말의 중요성이라기보다 말의 역동성 혹은 능력이다. 그래서 우리말은 의미와 가치를 더한 '말씀'으로 높이 일컫는지도 모른다.

이제 머리글에 쓴 주제를 정하게 된 배경을 얘기하고 싶다. 오래전 어느 시인의 칼럼에서 나는 이 경구를 발견하고는 한 대 크게 얻어맞은 느낌이었다. 은근하게 맞은 매였지만 저미는 아픔으로 푸른 멍 자국이 되었다. 그 흔적은 때때로 정신을 차리게 하고 올곧게 하는 내 영혼의 닻이 되어 무게 중심으로 자리 잡았다.

헨리 나우웬은 뛰어난 영성가다. 그분의 가르침을 여기 소망공동체 가운데 심고 싶었기에 벼르던 일이었다. 하지만 미루고 있었다. 누군가의 도움이 필요했던 것이다. 가득한 정성으로 이뤄야 할 일이기도 하였다. 그래서 작년 말부터 조심스럽게 글자를 만들도록 요청을 했던 것이고 차일피일 때를 기다리다가 해를 넘겼다. 그런데 바투 퇴임이 다가왔다.

재능 있는 수용자가 작품을 만들 듯이 정성을 다했다. 담당 직원들이 나서서 도와주었기에 그 일은 아름답게 이루어지고 조화롭게 장식되었다. 쉽지 않은 일을 맡아 깔끔하게 마무리해 준 직원과 수용자 형제들에게 고마움보다 미안함이 앞섰던 사연을 첫 글에 에둘러 밝힌 것이다. 모름지기 자신을 돌아볼 수 있었거니와 좀 더 배려하고 진중했어야 옳았다는 깨달음을 스스로 누렸다. 아무리 좋은 목적이라 하더라도 과정은 정당하고 아름다워야 한다.

"관계가 힘들 때는 사랑을 선택하라" — 헨리 나우웬

일과가 시작되면 수용동에서 각기 일터와 교육장으로 나오게 되는 주 복도 천장 잇댄 가로 벽에 이 열네 자 표어를 근사하게 붙여 놓았다. 볼수록 새롭다. 아니 뜨겁다. 소망교도소를 일컫는 다른 이름들을 다시금 되새기지 않을 수 없다. 소망공동체, 아가페랜드, 소망의 동산, 소망성(所望城)에서 모든 이는 가까운 이웃이다. 그곳에, 어둠 속 따뜻한 별이 반짝이듯 참 소망을 바라보고 오롯이 우뚝 일어서 길 비는 마음 간절하다. 길이요 진리요 생명인 우리 주 예수 안에서.

(2022.06.)

공동체가 나아갈 길 — 열둘

— 종을 울리십시오

퇴임 인사를 올립니다.

얼마 전 초등학교 4학년인 큰 손녀가 보낸 엽서를 흐뭇하게 읽었습니다. 알고 보니 작년 말에 가족 여행을 갔다가 남쪽 어느 휴양 도시에서 여섯 달 후에 받아 보는 편지 프로그램에 참여했던 것입니다.

할아버지, 은퇴를 축하드려요. 고생하셨습니다. 많이 많이 사랑해요. 항상 건강하고 행복하세요. 시은 올림.

돌아보건대, 가족은 내 존재를 알아주니 고맙고 생각해 주니 더 고맙고, 함께하므로 늘 고마운 것입니다.

교도관으로서 40년 10개월을 보냈습니다. 국영 기관에서 29년 3개월, 여기 소망교도소에서 11년 7개월 동안 제복을 입었습니다. 이제 무거운 이 옷을 벗고 앞으로는 다시 입을 수 없겠지요. 그래서 아쉽고 서운하기도 하지만 긴 세월, 직업이라는 얽매임에서 벗어났으니 후련하기도 합니다. 이제 넉넉함을 누리며 살겠습니다.

이 순간 잠잠히 떠오르는 아버지가 그립습니다. '교도관 노릇' 잘

해낼지 염려하며 드러나지 않게 사랑해 주셨던 사랑하는 나의 아버지 최정규 님! 하늘에서 큰아들을 보며 '그래 수고했다. 애썼다.' 격려해 주실 것입니다. 사랑하는 나의 어머니도 그립습니다. 나를 위해 금식기도까지 하시며 어려서부터 지금까지 다함없는 사랑을 베풀어 주신 구순의 내 어머니도 '참 애썼구나.' 격려해 주셨습니다.

누구보다 아내는 내 안의 해였습니다. 교도관의 아내가 되어 넉넉하지 못한 살림을 하느라, 두 아들 키우느라, 무엇보다 지혜롭지 못하고 약점투성이인 남편을 뒷바라지하느라, 정말 수고 많이 했습니다. 무진 고맙고 진심으로 사랑합니다.

또 장성한 두 아들 잠언이와 성언이, 두 며느리 재희와 은혜, 슬하에 손녀 시은이와 라은이, 손자 건이와 이현이 참 고맙습니다. 아버지의 직업을 자랑스럽게 생각하고 응원해 주던 두 아들이기에 사랑스럽고 뿌듯합니다.

그리고 사랑하는 형제들, 아우 셋에 누이 하나 모두 준수하고 우애로운 형제들로 맏이를 각별하게 존중하고 지지해 주어서 여간 고마운 생각이 드는 게 아닙니다.

무엇보다 소망공동체에서 함께하였던 직원 여러분에게 다시금 고마운 인사를 올립니다. 저는 많이 부족한 사람입니다. 제 모든 허물을 너그럽게 용서해 주시기 바랍니다. 더러 좋았던 장면은 애틋한 추억으로 기억되길 바랍니다.

제가 우리 소(所) 사이버 게시판 공동체 에세이 란에 150편가량의 글을 남겼습니다. 언젠가는 다 지워지겠지요. 2년 동안 정성으로 저의 진심을 담았으며 공동체를 향한 지극한 꿈과 사랑을 그렸습니다. 곧 책으로 엮을 계획입니다. 그러면 소망공동체를 모르는 분들도 소망공동체에 대한 애정의 시선이 커지리라 믿습니다. 제가 마지막까지 잘한 일이 될 것입니다.

끝으로 오스카 해머스타인의 〈사랑은〉이라는 시 한 편을 같이 되새겨 보고 싶습니다.

종은 누가 그걸 울리기 전에는
종이 아니다
노래는 누가 그걸 부르기 전에는
노래가 아니다
당신의 마음속에 있는 사랑도
한쪽으로 치워 놓아선 안 된다
사랑은 주기 전에는
사랑이 아니니까

소망공동체를 많이 사랑하십시오.
종이 울리지 않으면 종이 아닙니다.
사랑하지 않으면 사랑이 아닙니다.
소망공동체에 사랑이 없으면 공동체가 아닙니다.
소망공동체를 통하여 주님의 뜻이, 주님의 꿈이

아름답게 이루어질 줄 믿습니다.

웃으며 떠나겠습니다. 여러분도 많이 웃으십시오.

입때껏 함께하시고 인도하여 주신 나의 주 하나님,

고맙습니다. 사랑합니다.

2022년 6월 30일, 퇴임식에

여러분과 함께했던 최기훈 올림

다시금 꿈을 꾸겠습니다

다시금 꿈을 꾸겠습니다!

교도관으로 일하고 있을 때 진작 '따뜻한 책' 한 권 내고 싶었습니다. 하지만 여전히 미욱하여 부족했고 정성을 기울였으나 허물투성이입니다. 마침내 은퇴한 뒤 이렇게 책을 엮게 되어 늦었지만 감사한 마음이 큽니다. 한편 부끄럽기도 하고요. 하지만 믿음으로 이룬 일이기에 주님께서 주시는 나직한 기쁨으로 설렙니다.

교도관이 되어서 사십 년 더하기 열 달, 긴 세월만큼 아프고 슬프고 외로움을 느꼈던 세월이었습니다. 그럴수록 그리움이 커졌습니다. 내 모든 그리움은 빛이신 그분을 바라보게 하고 깊이 생각하게 하였습니다. 얼마나 그분이 소중한지 내내 나를 안아 주시고 일깨우며 넘어져도 일으켜 주셨습니다. 가던 길 가라고, 뒤를 돌아보지 말라고, 때로 잊을 건 잊으라고 하셨습니다. 분명한 것은 어둠 가운데 빛으로, 어리석음에 지혜의 말씀으로 새 힘을 주신 것입니다. 때때

로 내 눈물 젖은 얼굴을 그분이 따뜻한 손으로 어루만져 주셨기에 새
로운 꿈을 꾸게 하는 믿음의 용기를 드러낼 수 있었습니다.

참 고마운 분들이 많습니다. 사랑하는 아버지와 어머니, 두 분의
땀과 눈물이 이렇게 나를 성장하고 성숙하게 하였습니다. 아버지는
천국에 가신 지 벌써 몇 년 되었지만 내 사는 동안 순전한 농부이셨
던 아버지의 마디 굵은 손을 더듬어 보는 삶을 살고 싶습니다. 내 어
머니는 기도의 따뜻한 옹달샘입니다. 어머니의 따스한 품을 가슴으
로 느끼며 내 남은 세월을 살겠습니다. 또 세 아우와 누이, 그 가족
들 믿음 가운데 있기에 더욱 사랑합니다.

누구보다 사랑하는 아내 정계숙 권사와 두 아들 잠언, 성언, 신실
한 두 며느리 재희와 은혜, 손녀 시은, 라은, 손자 건, 이현에게 날
마다 샘솟는 생명의 기쁨으로 살아가는 인생의 주인공이 되길 축복
합니다. 유언처럼 남기고도 싶은 간곡한 이 소망은 연약한 아비의 참
뜻입니다.

생각할수록 아름다운 축복의 글을 써 주신 한희철 목사님께 감사드
립니다. 일찍이 한 목사님을 만난 것은 크나큰 은총이었습니다. 복
음적인 삶과 글쓰기가 무엇인지 아주 오래전 애틋한 단강마을교회
이야기 '얘기 마을'을 통하여 가르쳐 주셨습니다. 또 거듭남과 회복
적 사역 비전으로 '사람을 살리는 공동체'를 이끌어 가시는 소망교도
소 김영식 소장님과 동역자였던 직원 여러분께 감사드립니다. 김 소

장님은 참으로 따뜻하고 넉넉한 추천의 글을 써 주셨습니다. 무엇보다 마무리 원고 편집에 조언을 아끼지 않은 유선영 님께 감사를 드립니다. 그리고 좋은땅 출판사 여러분들이 흘린 지혜의 땀으로 제 책에 빛을 더해 주었습니다. 고맙습니다.

끝으로 지금까지 함께하였고 주님의 사랑을 나누던, '갇힌 자, 풀린 자'로 일컫는 담장 안팎 가장 가까운 내 이웃들을 기억합니다. 그들도 주님을 따르고자 애쓰는 형제들입니다. 저들로 하여금 허물 많은 나에게 복음 전파자로 생명의 꿈을 꾸게 해 주었습니다. 주께서 그대들을 안아 주시고 끝까지 사랑하시기에 반드시 회복의 길로 인도하는 큰 복 주시길 간절히 빕니다.

고맙습니다. 사랑합니다.

2023년, 하늘 푸른 가을날
40년 10개월, 교도관을 아름답게 이끄신 주님을 찬양하며
지은이 최기훈 뱀

따뜻한 침묵

ⓒ 최기훈, 2023

초판 1쇄 발행 2023년 12월 18일

지은이   최기훈
펴낸이   이기봉
편집   좋은땅 편집팀
펴낸곳   도서출판 좋은땅
주소   서울특별시 마포구 양화로12길 26 지월드빌딩 (서교동 395-7)
전화   02)374-8616~7
팩스   02)374-8614
이메일   gworldbook@naver.com
홈페이지 www.g-world.co.kr

ISBN   979-11-388-2594-8 (03230)